목련을 읽는 순서

이경교 시집

시인동네 시인선 048

이경교 시집

목련을 읽는 순서

시인동네

시인의 말

나는 언어의 극한점을 꿈꾼다. 의미의 끝까지 밀고 나가 아슬한 벼랑과 마주하길 원한다. 그 언어의 꼭대기에서 내가 염원하는 건 문화어로서의 모국어다. 오브제와 한몸이 되는 것, 내가 대상 속으로 틈입하는 것, 나와 너의 사이가 사라지는 것! 물론, 그것이 얼마나 무모한 꿈인지 나는 알고 있다. 가끔 그 언저리에서 몸을 떨기도 하지만, 나의 절망 또한 거기서 시작된다는 것도. 그곳에 이르기까지 시간이 넉넉지 않다. 내가 여전히 '혼자' '곁길'을 서성이고 있는 이유다.

2016년 2월
이경교

목련을 읽는 순서

시인의 말

차례

제1부

등대로 · 13

붉은 방 · 14

목련 생일 · 15

세한도 · 16

목련을 읽는 순서 · 18

바리케이드 · 20

즐거운 배 · 21

꽃은 · 22

홍시가 물렁거릴 때 · 24

조팝나무란 이름 · 26

숨은 뿌리 · 27

설산, 까마귀의 비행 · 28

팽팽한 월식月蝕 · 30

깊다 · 32

다시, 깊다 · 34

무서운 순간 · 36

제2부

내 이름 · 39

붉은 시편 · 40

기몽記夢 · 42

다시, 기몽記夢 · 44

그림자를 찾다 · 45

꽃의 자궁 · 46

수입리水入里, 눈썹산 · 48

여자에 관한 · 49

꿈을 적다 · 50

태양 앞에서 잠자리의 비행 · 52

이것은 파이프가 아니다 · 54

새벽 강 · 56

가을 개심사 · 57

꽃은 무얼 보고 있을까? · 58

비, 44번 국도 · 60

제3부

연둣빛 순례 · 63

덜컥덜컥 · 64

빈집 · 66

부레옥잠 · 67

제비와 제비꽃에 관한 · 68

잎새 무덤 · 69

무덤새 · 70

메콩강, 반달 · 72

액자 꿈 · 74

북방으로 · 75

시월의 시 · 76

만항재를 넘다 · 77

안개의 족보 · 78

불가사리 · 80

다시, 숨은 폭포 · 81

길 끝에는 · 82

제4부

매화, 몇 세기를 흘러온 물소리 · 85

비 오는 날 · 86

폼페이, 소금꽃 · 88

단풍잎 편지 · 90

통영이란 이름 · 91

소설처럼 1 · 92

소설처럼 2 · 94

소설처럼 3 · 96

소설처럼 4 · 98

소설처럼 5 · 100

매춘란 · 102

하숙집 · 104

모래의 여자 · 106

구름 문양 돌층계 · 108

산을 내려오다 · 109

먹구름에 물들다 · 110

해설 꿈의 사생아, 꽃의 운명을 살다
    이성혁(문학평론가) · 111

제1부

등대로

　등대는 별의 출입문 바다로 띄우는 초대장, 나는 네 기별만 기다리다가 청춘을 다 보내고 말았으니

　어둠 속으로 편지를 보내거나 해변의 낡은 우체통처럼 아직도 너는 서 있지만, 내가 받은 건 장밋빛 엽서가 아니라, 시퍼렇게 드러누운 늪, 한때 내 사랑했던 푸른 뻘이거나

　너를 지나면 낯선 항구, 저기 처음 보는 여자가 있다

　나의 고해소

붉은 방

　붉은 방 안에선 아직도 두근두근 박동이 뛰고 있네, 그 박동들 모두 꽃잎 속으로 스며들어 오늘 복사꽃 일제히 입술을 내미네

　언제부턴가 저 입술들 내 안에도 찍혀 있어, 내게도 붉은 방 하나 있네 어느 먼 모퉁이를 돌아온 소문들일까 바람결에 문득 그 뒷이야기 접한 적 있으나, 나는 아직 그 방문 열어보지 못했네

　꽃판의 가슴팍이 들썩일 때마다 가만가만 붉은 방문 앞 서성였으나 부풀어 오른 방, 꽃판 벌겋게 떨고 있을 무렵 나는 화들짝 돌아서고 말았네 새떼들이 먼저 놀라 가지를 떠나고 있었으므로

　붉은 방! 이름만 들어도 가슴이 요동쳤으므로 두근두근, 그 방문 열어볼 수 없었네

목련 생일

 이마가 흰 목련에게 간다, 언젠가 그녀는 햇살에 눈이 찔려 자줏빛 사생아를 낳은 적이 있다 사랑이 발작을 일으켜 그녀 이름 부르는 순간 내게도 화끈화끈, 열꽃이 핀다

 목련은 몸으로 꽃망울을 터뜨리는 게 아니다 슬픔이 목젖을 밀어 올려 꽃잎 켜켜이 포개진 불씨들을 보면 안다 이름만 불러도 그녀는 불이 붙는다 마음이 먼저 하얗게 타버려, 제 생일날 목련은 미련 없이 죽는다

 은하수가 항성들의 잔칫날이라면, 저 뜨거운 불꽃 뒤로 흰 그림자 길게 숨긴 채 목련은 어느 별을 떠메고 내게로 온 걸까 왔다간 소리 없이 떠나는 걸까

세한도

 텅 빈 움막은 속이 빈 악기다 새들이 울음을 쟁여놓고 떠난 빈집, 거기 나를 끌어들이지 마라
 노송의 안쪽은 공명통을 부풀려 벌판의 침묵을 빨아들인다 슬그머니 늘어뜨린 가지, 저 손가락은 지금 무슨 음계를 짚는 중일까

 벌판을 지나가면 남태평양까지 뻥 뚫린 항로
 빈 하늘은 귀를 번쩍 세우고 있다
 노송의 바깥은 칼바람이 엮어내는 진혼곡 가락이다
 그 선율을 밟고 누군가 언덕 너머로 사라지고
 나는 미끄러지듯 화폭에 발이 빠진다

 지상의 한쪽이 슬금슬금 어두워진다

 울던 새들은 어디로 갔나, 세상을 등진 나무의 슬픈 눈
 텅 빈 울림판 위에 언 손가락 하나 얹어놓고
 나는 여전히 침묵을 연주하는 중이다

저 쨍쨍한 겨울 야상곡, 천둥 같은 울림
소리는 연신 소리를 밀어내어 길을 지운다
아무것도 없어 환하게 차오르는 벌판
거기, 내 발자국을 찾지 마라

목련을 읽는 순서

애야, 나는 목련을 만났지만 그럴 수가 없단다 목련은 텅 빈

이름이 아니라 언덕의 영역에 속하므로, 그보다 더 먼 늪이거나

쓸쓸한 그릇의 일부이므로 나는 목련을 썼다가 지우고, 그 빈 터에

도랑을 파기로 했단다 목련의 몸에서 여울물 소리가 들리는 건

목련의 고향이 강물이기 때문이란다 네 몸에서도 악기 소리가 날 때,

그때쯤 네 안에서도 목련이 자라나겠지

애야, 목련은 어디에나 있으나 어디에도 없단다 화사한 눈빛으로

제 안의 비밀을 토해내지만, 그때 목련은 죽음의 발치에 다가

선 것이므로

잊어야 한다 목련은 이제 뜯겨진 명부名簿, 네가 뒷골목에서

어둠을 두 눈에 담을 때, 너는 이미 목련을 익히기 시작한

거란다 이름을 보는 대신, 너는 꽃그늘이 되어

너 지워진 자리만 하얗게 남겨진 거란다

바리케이드

광장 한가운데 누가 놓아두었을까 시든 꽃다발, 텅 빈 울 밖에서 목을 빼고 기웃거리는 새들, 줄을 따라 문득 새들 발자국 멈춘 곳 보이지 않는 수렁이 깊게 파여 있다 해는 뉘엿, 서쪽으로 기울다가 고층 빌딩 첨탑에 한쪽 발이 걸려 휘청거린다 해에게도 경계해야 할 장애물이 남아 있다 이번엔 내가 이 빠진 보도블록에 걸려 넘어진다

생각도 이처럼 갈피를 놓고 무언가에 툭툭, 걸릴 때가 있다 너 떠난 뒤 국경선처럼 깊어진 투명한 수렁, 내 발길이 국경을 넘는 순간, 어느 무국적자의 황망한 눈빛이 얼핏 광장을 건너간다

누가 놓아두었을까, 광장 한가운데 우두커니 서 있는 섬
바다 저쪽 시든 꽃다발, 발 저린 새들이 절뚝절뚝 발길 돌린다
정지!란 이름의 울 밖에서 누가 이쪽을 뒤돌아본다 고별이란 저처럼 가까운 금이다

즐거운 배

중국 장쑤성 어느 도시에서 골목길 홀로 지나다가 발이 삐끗했네 눈앞을 스치는 간판 때문, 세상에 콰이조우快舟라니! 쾌락의 배일까 즐거운 배일까? 갑자기 내 몸이 붕붕 떠오르고 있는데, 냅다 달려가는 배란 뜻도 좋겠다 싶어, 다시 보니 여관집 상호! 뜻을 음미할 새도 없이 발이 먼저 앞질러 나가다 움찔, 멈춘 정신에게 정지당한 것인데, 마음이 먼저 문 활짝 열어제긴 것인데

저 여관집 주인은 시인일까 철학자일까, 쾌락의 배라니? 그게 덧없이 스쳐가는 인생이란 걸 깨닫고는 퉁퉁 부은 발을 끌며 그냥 지나쳤던 것인데

십 년 세월 지나, 삼각산 길 홀로 걷다가 홀연 장쑤성 그 골목 콰이조우란 간판, 느닷없이 눈앞에 아른거려 발을 또 삐끗하고 말았네 몸과 정신은 서로 다른 쪽을 볼 때가 있으니 산등성이 저편에서 낡은 거룻배 한 척, 불쑥 고개를 내밀었으므로

꽃은

모두들 꽃을, 꿈결인 양 바라본다고 말한 선사가 있지* 장미는

그 이름만으로 향기롭다고 노래한 시인도 있지, 그리하여 꽃이

무엇을 남기고 거두어간다는 걸까? 꽃은 결국 텅 빈 이름만

남기는 거란다

벚꽃이 꽃사태 한번으로 제 이름을 덮어버리거나 목련이 쓸쓸한

뒷모습으로 돌아서는 건, 이름 위에 드리워진 그림자들 때문이지

오직 동백만이 선홍빛 절정에서 제 목을 베어 바닥을 덮지만

핏빛 그림자를 모두 지울 수는 없단다

모두들 꽃을 꿈결인 양 바라보는 건 눈부신 아침과 어둑어둑한

저녁이 지나가는 사이

너와 내 안에서 꽃은 쉬지 않고 피었다 지기 때문이란다

＊남전南泉:時人見此一株花如夢相似.

홍시가 물렁거릴 때

저 뜨거운 홍시들도 푸른 립스틱 입술에 바르고
사내의 발자국 소리를 듣던 저녁을 기억한다

너는 화로야! 내가 한마디 내뱉자 홍시들은
일제히 뜨거워진다
손톱 밑까지 붉게 물든 저 노을빛, 제 중심을 잃고
쏟아질 때 홍시는 이제 뜨겁지 않고 이 빠진 볼
오물오물 온몸이 물컹거린다

하나의 징후를 따라가 보면 어떤 기억과 만나는 자리
그걸 촉감 때문이라고 단정하긴 이르지만
나는 단단한 것과 물렁거리는 그 사이에서
저 할미의 슬픈 이력을 끄집어낼 수 있다
첫 밤이 마지막 저녁이었거나, 정신대란 꼭지만 남은
물컹물컹, 심장이 녹아내리는 소리 들리고

가령 저 사이와 차이의 중간쯤으로 문이 열리고
입술 푸른 처녀가 밀물처럼 스며든다면

앗 뜨거! 나도 홍시 같구나

이미 홍역처럼 한차례 꽃사태를 겪었으니
불 꺼진 화로 가슴에 묻고
저기 노을 한 방울 떨어지고 있다

조팝나무란 이름

 아빠, 조팝나무가 난리났네 저 향기 좀 봐, 거실 밖을 바라보던 아이가 소리친다 문을 여니 조팝나무 흰 꽃들이 밥풀처럼 떼를 지어 모여 있다 혁명의 기운은 어디에도 없고 밥풀 향기도 보이지 않는다 다만, 조팝나무꽃들은 스크럼을 짜고 나직나직 웅성거린다 혁명을 모의 중인가, 아이가 본 건 부산한 꽃사태의 현장, 꽃들이 아직 난리를 일으킨 적은 없다

 저녁에 다시 보니, 가로등 불빛 아래 조팝나무꽃들이 잠들어 있다 눈꺼풀이 끈적끈적 붙어 있다 꿈을 꾸는 중인가, 오늘 하루도 무사히 지나갈 모양이다

 우리가 본 게 정말 조팝나무꽃이었을까 꽃 그림자 아래 꿈결처럼 희미한 이름 조,팝,나,무, 나는 처음으로 꽃의 음모, 그 빛나는 잠을 훔쳐보지만 텅 빈 꽃의 실내를 기웃거린 적 없으니, 조팝나무가 꼭 조팝나무인 건 아니다

숨은 뿌리

　물거품에 대한 오해가 있었지요 뿌리가 없다는 편견 말예요 하지만 저 군집을 보면 거품도 숨은 뿌리로 연명하는 게 분명해요, 숨는 이력이 그 족보인 셈이지요

　거품 담장 치고 뿌리를 은폐하는 건 사생아들 버릇, 칩거와 모반은 같은 뿌리지만, 그 무의식도 가계家系가 몹시 비천하다는 증거인지 모르지요

　물도랑 가득, 거품 이불 덮고 잠을 청하는 물거미,
　생존이 짜내는 결은 연민과 무관하지 않으니,
　습성이 그대로 연명의 한 방식이란 말이지요

　알겠어요, 내 안에서 뭉클뭉클 밟히는 뿌리들,
　그 한미한 족보를

설산, 까마귀의 비행

새하얀 설산을 가로질러 까마귀 한 마리 날아갔다
잘못 날아온 오발탄이거나 누가 먹물을 뿌린 줄 알았다
잠깐 총성을 들은 것도 같다

꼭꼭 갇혀 있던 하얀 목책들 쓰러질 때
까마귀 한 마리 흰 빛을 훼손하는 그 순간
나는 설산이 더럽혀졌다고 생각했다
꼬옥, 꼬옥, 꼭,꼭,꼭! 까마귀가 날면서 남기고 간 말
다짐처럼 어떤 기억 하나가 달라붙어 훼손을 나는
훼절이라고 쓸 뻔했다

이제 까마귀는 보이지 않고 까마귀가 긋고 간
검은 점만 남았다 가만 보니 설산은 말끔한 얼굴
누가 다녀간 흔적조차 없다
착시처럼 내 눈망울에 그어진 검은 줄무늬
눈을 깜박이자, 내 동공의 깊은 허공 속으로
까마귀 한 마리 훨훨, 날아간다
설산이 또 한 번 캄캄해진다

＞

길이 난다거나 길이 든다는 건 더럽혀진다는 것
하지만 저 심심한 설산을 위해 나는 산허리 춤에
다시 검은 점 하나 찍어준다

팽팽한 월식月蝕

저기 누가 옥수수 속껍질을 벗기고 있다, 물방울
켜켜이 접혀진 봉투, 봉투의 은밀한 막이 찢어진다

새가 막 알을 깨고 나와 처음으로 어미를 바라본다
눈동자의 투명한 막이 벗겨진다, 초록 잠을 건너온 꽃잎들
끈적거리는 양수를 뚫고 나와 새로 피어나는 잎새들
젖어 있는 것들의 껍질에서 흘러넘치는 수액 향기

저기 누가 물껍질, 그 얇은 문을 두드린다
불 꺼진 창에 기댄 여자의 그림자가 흔들린다

안개 자욱한 실내, 처음으로 문을 연 사내의 흐릿한 실루엣
점점 짙어진다, 만남은 반드시 어둠을 지나가야 한다
첫눈을 뜬 여자의 눈망울이 그림자와 겹쳐진다
탱탱한 정적의 한 순간이 깨어진다

누구나 문을 지나온다, 그때 속껍질은 부풀어 벗겨진다
그 무렵, 누군가 옥수수알을 베어 무는 것이다

어둠 바깥으로 선명한 이빨 자국만 남는 것이다

저기 누가 물껍질, 그 얇은 문을 들어선다

깊다

그 저녁 꽃의 부음을 들었다
어스름이 몸살처럼 밀려왔다

꽃이 보이지 않는 길, 지금 저문 강을 건넌다
물 위에 조등弔燈 몇 점 깜박인다 저 어둠의 둘레가
내 잠의 안쪽을 밝히는 사이, 등불은 다만 어둠의 껍질을
슬쩍 비춘다

불빛의 이쪽과 저쪽으로 잠과 꿈이 갈라진다
모든 풍문도 이처럼 나뉘지리라

문상에서 돌아오는 저녁, 강물의 눈빛이 무겁다
저 무거움으로부터 깊은 여울이 시작된다
그 끝에서 죽음의 문도 서서히 열릴 것이다
물결도 느닷없이 물굽이에 채일 때가 있다
그 지점에서 조등弔燈이 몇 번 반짝인다

생사의 경계가 이토록 깊다 저무는 봄의 눈길이

깊다, 눈꺼풀이 처진 물결 위로

잎새가 돋았다는 전갈이 왔다

다시, 깊다

잎새가 돋았다는 전갈이 왔다, 솜털 보송한 톱니를 지나
햇살이 어린 잎맥을 통과한다
물살이 부풀어 오르는 나무, 물관 깊은 곳에서 누가
힘차게 수차水車를 굴리고 있다

바퀴 소리에 놀란 새들이 얼핏 풋잠에서 깨어난다

햇빛이 통과하는 그 지점에서 녹색은 짙은 처마를
드리우고 나무들도 비로소 빗장을 연다

그러나 방심하지 마라, 저 푸르름도 금세 낡아
우리가 소낙비에게 자리를 내어줄 즈음
병이 깊은 새들도 생각이 많아지는 것이다
산새 둥지는 아슬한 저녁, 계곡처럼 깊다
새들에겐 둥지가 전 우주의 가장 은밀한 요람이다

깊다, 보이지 않는 것들 숨어 있는 소리의 둘레는,
숲속엔 길 잃은 새들 발자국이 찍혀 있다

어둑한 나무의 눈은 아직도 깊다
깊어진 해의 눈빛, 달의 눈빛

잎이 지고 있다는 소문을 들었다

무서운 순간

내가 산목련꽃 한가운데 새알처럼 박힌 붉은 꽃술과 마주치는 순간 그 감쪽같은 눈맞춤을 어찌 안 걸까, 때 맞춰 휘파람새가 길게 울고 소낙비가 쏟아진다 초록 잎새들이 움찔움찔 몸을 떨자 가지에 붙어 있던 애벌레들은 감전이라도 된 듯 몸이 굳는다, 아까부터 가지를 잔뜩 노려보던 때까치 한 마리 무심히 날아간다

그 무서운 한 순간을 지켜보고 있던 물푸레나무 늙은 고목은 짐짓 모르는 척 눈을 질끈 감아버린다

제2부

내 이름

　너에게 편지를 쓴다 내 이름을 뺀다, 너는 그 여백에서 기억이 떨구는 꽃잎들을 아득히 바라볼 테지 그만두렴, 이름은 차라리 구름기둥이다 나는 풀꽃이거나 쇠못이다 아니 자줏빛 지렁이다

　너는 지워진 이름 너머로 살별이 긋고 간 하늘, 할퀸 자국을 보고 있을까, 이름이란 흔적 없는 상처 자국이다 아니야, 벌떼처럼 몰려오는 눈발인지도 모르지 그럼 그 눈발 위에 익명들을 가만히 올려놓으렴. 살별 자국, 눈발의 벌떼, 또는 하늘 응달에 핀 무지개…… 그래, 그건 내가 아닌 내 이름들이다

　이름이 사라진 자리마다 열매가 익는다, 꽃씨를 터뜨리는 저 풀꽃들, 내 이름이 사방으로 튄다 이럴 때 은닉은 죄가 아니라 확장이다, 꽃의 이름들이 팽창한다 너도 보고 있니? 벌판으로 쏟아지는 씨앗들, 부풀어 오르는 살별 자국들…… 그래, 이건 내가 아닌 내 이름들이다

붉은 시편

　중국에 머문 내내, 헝가리 영화 〈붉은 시편〉이 떠오르곤 했는데 총칼 앞에 집단 나체로, 붉은 꽃 리본으로 저항하던 헝가리 언들, 내 몸을 헝가리언 랩소디 가락이 칭칭 휘감아, 나도 붉은 눈물 왈칵 쏟고 싶었다

　무지개다리 붉은 벽돌, 반달처럼 허리가 휜 곡선 앞에서 붉은 벽돌과 단풍 사이에 얽힌 어떤 비의秘義를 읽는다
　어느 땐가 단풍은 벽돌 속으로 스며 벽돌이 되었다고, 벽돌빛은 오랜 세월 밖으로 뱉어낸 단풍의 호흡이라고

　늦가을 창가에서 노을을 본다 내 안에도 가만가만 불씨 한 잎 지펴져 벌겋게 번진다 핏빛 중국 역사를 떠올리다가 황해 건너 반도 소식 궁금해진다 잿빛 하늘로 핏방울처럼 번지는 노을, 저 번짐을 나는 붉은 시편이라 고쳐 부른다

　일출과 일몰 사이 황해가 서 있듯, 사랑하고 죽는 거리 저만큼 가까운 걸까

시간의 결 거슬러 오르면 붉은 벽돌과 단풍이 한몸이던 것처럼, 이우는 저 태양도 말을 하던 시절이 있었던 모양, 입술 벙긋 벙긋 새어나온 한마디 말, 그게 일몰은 아닐까

붉은 시편 한 행을 마침내 읽었다

기몽記夢*

　출구가 열리자 왈칵, 빛이 밀려든다 캄캄한 실내로 신작로가 뚫린다 빛의 입자들이 꽃가루처럼 부유한다 별빛 부스러기 한 잎을 줍는다 빛의 통로를 따라 해안선이 그어진다 물결 멈춘 지점에 물의 도시가 세워진다

　모든 것은 한순간이다, 저 찰나를 우리는 역사라고 부른다

　도시의 지붕마다 물결 문양이 찍힌다 격자 창틀에
햇살이 갇혀 격자로 쪼개진다 눈 없는 새들이 날아와
모서리를 부리로 찍는다

　모든 건 환상이다, 그리고 그것만이 진실이다

　꽃살무늬 창마다 꽃봉투가 꽂혀 있다 저 봉인된 봉투의
안쪽은 아직도 캄캄한 밤이다 출구가 열리자 왈칵,
꽃씨들이 쏟아진다 모든 게 어둠 안쪽에서 발아하여
여문 씨앗들이다

빛의 궤적을 따라 다시 해안선을 긋자
멈추었던 물결이 출렁인다

도시 하나가 세워지거나 지워지는 것도 한순간이다

＊기몽記夢은 꿈을 기록한다는 뜻이다. 소동파蘇東坡 선생에게 빌린다.

다시, 기몽記夢

　꽃송이 하나하나가 꿈이란 걸 알겠다

　너 떠난 자리, 흰 꽃잎 소리 없이 멀어질 때 숲이 혼자 저무는 구나 별 그림자 하얗게 쌓이는 저녁, 저건 텅 빈 하늘문자, 허공의 발신음, 꽃은 왜 별을 닮았는지, 어두워 더 무거워진 숲의 둘레, 하지만 밤은 저울이 아니다 때늦은 후회나 새로운 기약도 그럴 것이다 더러는 돌아오지 않는 기억들이 봄빛을 떠메고 오지만, 꽃은 필 때 이미 지는 법을 익힌다 어느 날의 입김인가 따스한 너의 온기, 아직 저 포기마다 스며 있으니 지나온 길들이 꽃길은 아니었지만

　꽃송이 하나하나가 꿈이란 걸 알겠다

그림자를 찾다

꽃에서 종소리가 난다, 꽃둔치*란 마을 이름을 알고부터다

42번 국도는 내 발자국을 묻어둔 자리, 거기 어디쯤 그림자도 함께 숨겨두었는데, 평창군 미탄면 예쁜 여울이란 뜻의 미탄美灘에서도 그림자가 이끄는 쪽은 늘 기화리琪花里, 꽃둔치란 옛 이름이 나를 자꾸 잡아당기는데 동강 어귀 꼭꼭 숨은 꽃둔치에 뿌리 내리라 속삭이는데

그림자와 발자국은 어느새 꽃둔치와 나 사이의 틈이거나 거리가 되었는데, 서울에서 평창까지 혹은 내 안팎의 그 무한창공까지, 42번 국도 왔다갔다 들꽃 다 지고, 꽃둔치란 이름에 풍덩 빠져서 내 그림자 잃고 말았으니, 거기 어디쯤 발자국 혼자 뿌리를 잡고 주저앉았는지

몸이 먼저 근질근질 그 그림자 수소문할 때마다 발자욱들이 나를 끌고 가는, 꽃둔치에선 종소리가 난다

---

*꽃둔치는 강원도 평창군 미탄면에 있는 기화리琪花里의 우리말 이름이다.

꽃의 자궁
— 김중만 꽃 사진전

꽃잎 속, 가만가만 안으로 접힌 겹문을 열어보면 소음순, 대음순, 클리토리스까지 생생하다

보인다, 저 나팔꽃의 나팔관까지 이어진 붉은 길

암꽃술은 남 몰래 우주의 겹문을 활짝 열고 꼭두새벽부터 기다렸단 말이지?

문 두드리는 수술꽃 씨방 한 알 그 난폭한 침입을, 그 몸

빌어 사내 닮은 새끼 하나 저렇게 키워냈단 말이지?

꽃잎의 문설주마다 홍등이 매달려 흔들린다 안개길 지나

더듬더듬 내가 그 문지방 넘어설 때, 어지럽구나!

저 깊은 우주, 나 길을 잃고 말았는데

어디까지 이어진 걸까? 별까지 뻗어 있는 붉은 길

문을 열면 또 다른 문이 기다리고 있다

수입리水入里 눈썹산*

    이 마을은 낯익다, 무작정 마을 동구로 스며든다
    물길 질펀하다, 슬쩍 올려다보니 헐거워진 내 눈썹 한 짝 산등성이에 비스듬히 걸려 있다

    물길은 손님처럼 가만가만 돌담길 들어서고
    마을 조용하다, 나도 돌담장 끼고 돌자 개들이
    컹컹 짖는다 허공의 눈썹 한 짝 출렁인다

    가만! 나 혼자 길손이었구나 물길이나 허공에 걸려 있는
    저 눈썹도 주민이었구나

    여기, 경기도 양평군 양서면 무드리水入里 마을

    에스키모인들은 얼음 구멍도 눈目이라고 부른다는데
    나는 내 눈동자만 챙겼구나 왜 잊고 있었을까
    저 허공 저 눈썹도 내 것이 아니란 걸

---

*무드리 마을의 아미산峨眉山을 일컫는다.

여자에 관한

물 흐린 창의 일부를 적시며, 혹은 뿌연 안개의 모서리를 벗기며, 비가 비틀비틀 걸어온다 오랜 외출과 길었던 행려를 알리며, 나는 다시 풍문과 싸워야 한다 푸른빛 모자였다고, 아니 자줏빛 스카프였다고, 비가 나무를 유혹했다고, 아니 바다가 먼저 비를 포옹했다고

그 어느 쪽에 서 있어도 창은 전부를 비춰주지 않는다 나무가 비의 몸을 훔쳐오는 동안, 비는 나무를 향해 귀를 열고 있으니, 저 위태로운 징검다리의 이쪽과 저쪽, 헝클어진 숲, 흔들리는 창에 비친 누군가의 실루엣이 비안개에 지워진다 가만, 저건 누구의 눈망울인가, 누구의 젖은 모발인가

백년 저쪽, 안개 낀 풍경이 울컥, 가슴을 들썩이다 비와 나무와 바다를 배경으로 흘러가는 이십 세기 영화처럼, 물 흐린 창 밖 안개 속으로 누가 지나간다, 희미하다

꿈을 적다

> 공상은 일종의 막다른 골목 같은 주제를 지닌다. 그것은 시적 가치를 지니지 못한다. 그러나 꿈은 그 안에 시를 갖고 있다. ─D. W. Winnicott

사실 내가 먼저 이 집을 설계한 적은 없다 누군가 내 안에 스며들어 낯선 조감도를 펼쳐놓고 지상에서 가장 높은 집을 짓고 있을 때, 발아래 구름바다가 펼쳐지고 새들도 눈이 부신 듯 발바닥을 올려다보는 창공 저쪽, 내 손과 부리는 분주히 허공 끝에 첨탑을 세우고 있었으니

바벨탑 한 모서리가 구름치마에 걸려 찢어지고, 몇 개의 상처가 내 안쪽으로 깊게 그어지고, 그어진 자리마다 빗금처럼 돋을새김 문양이 아로새겨져, 아프지 않았다 색깔 없는 창공 위에 새들은 날개를 접은 채 떠 있고, 떠 있다간 구름과 연신 자리를 바꾼다 모든 게 찰나마다 뒤바뀌는, 이곳엔 정물이 없다

나는 집을 지은 게 아니다, 바벨탑은 처음부터 없었다 시공은 멈추지 않고 일그러진 욕망도 빛이 바래어 슬프지 않았다, 모든 게 지워지고 그림자만 짙게 새겨지는

나는 이걸 기록이라 부르지 않겠다 먼 풍경이거나 부재하는 집, 몇 번이고 그 집을 지었다간 허물 것이다

태양 앞에서 잠자리의 비행
—호앙 미로에게

태양 앞에서 잠자리의 비행이라니! 이건 그림이 아니라 시다

왜 하필 잠자리일까, 생명은 격랑을 지나 야합으로 잉태된다는

뜻일까 저건 잠자리가 아니라, 잠자리란 이름의 불티는 아닐까

내가 저 뜨거운 자궁, 붉은 심방으로 돌진하는 정충이었을 때

사랑이란 이름의 그 질펀한 난장을 돌아, 나는 지금 어디쯤

서 있는 걸까 잠자리가 붉은 구명정으로 다가가는 표류자라면,

하나의 점과 선은 격랑을 통과하면서 팽창하고 마침내 원으로

수렴되겠지 한눈팔지 마, 불꽃 속으로 뛰어드는 저 투신은

죽음이 아니라 동행, 이별이 아니라 재회, 잠자리가 아니라도

자꾸 꿈틀거리는 나의 날개

저기, 뜨거운 전생을 향하여 내 꿈들이 날고 있다

이것은 파이프가 아니다
―르네 마그리트에게

　이것은 파이프가 아니라 오르간이다, 내가 그 선율 몇 소절 사뿐 밟자, 흰 나비떼가 날아오른다 나비떼는 나선형 군무를 춘다

　너는 내 꿈의 어느 부위를 그린 걸까 불빛이 은밀히 밝히는 어둠 저쪽, 미처 내 눈길이 따라가지 못한 그곳에서, 네가 그린 건 피레네 산맥의 성채가 아니다

　저건 떠돌이별이다, 내가 남몰래 별 모서리 돌아서자 바다 위로 떠오르는 성채들, 나는 지금 고래가 아니라 길 잃은 새다

　꿈을 펼쳐놓을 때, 싹트는 별들, 부풀어 오르는 바위들, 모든 출생은 결별에서 시작된다

　눈길도 반란에 가담할 때가 있으니, 내가 사뿐 파이프에 기대자 폭죽처럼 터지는 오르간 선율

　이것은 오르간이 아니라 빙글빙글 맴도는 성채다

〉

나는 아직 바다 위에 떠 있고, 둥지는 보이지 않는다

새벽 강

  흉터라고 수군거리는 소리를 들었지요 어두운 마을 할퀴고 간 생채기라고, 저건 꿈속에 서 있던 낡은 간이역, 구불구불한 회랑이 아닐까요

  검은 묵시록을 펼쳐놓은 새벽, 하늘은 텅 비어 숨은 신의 한숨이거나 그가 흘린 눈물 자국이거나
  누군가 또 검은 동판 위에 나를 파고 있을 때, 비틀걸음으로 나는 저 외길 지나가야 해요 잠든 둑길 흔들어 깨우며 나는 슬펐을까요
  밖으로 도드라진 흉터는 마음 안쪽을 떠밀고 가거나 어둠 속에 찍히는 가시광선이므로

  별빛 훈장 하얗게 두른, 그래요 나는 흉터에요 모든 흉터의 뒤란엔 향기가 고여 있으니 내 몸 출렁일 때마다 새벽은 조금씩 당겨지고

  어둠 속에 생채기 하나 그으며 내 몸이 시퍼렇게 아플 때 숨은 신은 어디서 날이 새기를 기다리는 걸까요

가을 개심사

그때, 꽃들은 어디다 씨앗을 숨기고 있었는지
염주나무 둥근 씨들은 어느 곳에 몸을 묻었는지
불씨들만 분주하게 잎새마다 불을 붙이고 있다
불타는 숲에선 왜 오래된 경전 냄새가 날까
마음 한번 내보인다는 건 눈이 먼 저 노송처럼
제 몸마저 잊어버리는 일인데
나는 반생을 쪽문 밖에서 서성이다니!
해우소 지붕을 덮은 은행잎들도 제 몸 모두
내려놓았는데 아슬하구나, 외나무다리 이쪽저쪽
저 다리를 지나면 청천으로 이어진 샛길인데
나무들 물관만 잠 깨어 경전을 눈동자에 새긴다
여기, 누가 묵독에 빠진 잔가지들 흔드는 걸까
비우는 게 침묵하는 일이란 걸 아는지
산새들도 부리를 깃 속에 묻고
온 산이 동굴처럼 비워질 때
저기, 열린 쪽문 틈으로 내 마음이 지나간다

꽃은 무얼 보고 있을까?

꽃그늘 아래로 꽃비 내린다 어두운 자리가 한꺼번에 환해진다

바닥에 누워 저 떠나온 가지를 올려다보는 꽃의 눈시울이 벌겋다

모든 이별의 빛깔은 저처럼 붉은빛이다

눈망울 속엔 허공의 구름 몇 조각 흘러간다 누가 누구를 보는 걸까

꽃의 초점이 자꾸 흐릿해진다 허공에서 누가 나를 향해 손을 흔든다

눈이 침침하여 누군지 알 수 없다, 지금 바닥에 누워 있는 건 누구인가

꽃이었던 한 시절이 내게도 있었는지

〉
나를 떠내 보낸 가지들만 어깨를 들썩인다

비, 44번 국도

 여행이란 것도 어느 땐 정신없이 여자의 뒤꽁무니만 쫓는 모습이다 빗줄기가 전속력으로 길을 뚫을 때, 초록 사태에 빠져 두 눈이 멀고 이미 청맹과니가 되었으니 빗방울은 어느 순간에 기대고 싶었던 걸까

 한계령을 지나 줄곧 직선 길로만 달려온 이 길도 사소한 강물 때문에 한번쯤 휘어지고 마는 것처럼 산뽕나무 그루터기에 걸려 넘어지거나 뼛속까지 젖어 화투패 던지듯 청혼의 뜻 건네고 말았으니! 그쯤에서 초록도 벗겨져 저녁이 오고, 모든 직선은 반드시 위태로운 곡선을 숨기고 있으니 비 내리는 44번 국도, 구불구불 모퉁이를 돌아간다

 아슬하구나 이 커브길! 내가 지나온 젖은 세월들

 비는 언제쯤이나 저 지나온 모퉁이를 되돌아볼까

제3부

연둣빛 순례

  종일 바람에 귀를 갈고 있는 풀잎*

  그 풀잎이 바로 시인이란 걸 눈치채고 보니 나의 삼십 대는 다 지나갔네 우연히, 오규원 시인이 요양 중이라는 서후리 다리목을 건너다, 얼마나 아프실까 다시 헤아려보니 나의 사십 대도 얼마 남지 않았네

  중미산 자락은 온통 연둣빛 잔치, 오늘 나의 행려가 연둣빛 순례란 걸 알겠네 이제 나는 잎새의 배를 타고 초록 풍랑을 지나가야 하네 잎맥의 노를 저어 초록 나루 지나고 잎새의 주유소에 닿네, 산소를 가득 주입하네

  그 사이 시인은 나무 아래 잠들고 나의 오십 대도 물길 거슬러 오르고 있으니

  저 푸르름도 한없이 가벼워져 너덜거리네 이제 나는 노란 단풍잎 매달고 연둣빛 시절을 기억해야 하네

---

  *오규원의 시 「순례의 書」 첫 행.

덜컥덜컥

덜컥, 네 전화는 끊어지고
자고새가 가늘게 울고 갔다
파도 소리가 전화기 저편으로 네 울음소리를 끌고 들어갔다
견딜 수 없어, 서울을 잊을 수도 없어! 너는 언젠가
태평양을 건너갔다

여보세요, 꽃잎 시나브로 흩날려 전화는 끊어졌다 꽃잎
무게에 짓눌려 우리 사이엔 바다가 그어졌다 조각달은
하늘에서 덜컥덜컥, 빗장을 열고 있는지
여보세요 여보세요, 공기 방울들 분주히 찢어지고
네 목소리는 구릉과 계곡을 지나 공기들의 떨림을 용케
비켜 태평양을 되돌아갔다
수십 년이란 수레가 반구 저쪽으로 기울어졌다

근육을 움츠린 살별들 살금살금 늪을 건너갔다
내가 떠나지 못한 방 안에서
불 꺼진 공기들이 울고 갔다
덜컥덜컥, 이젠 누가 허공을 잠그고 있는지

아무 소리도 들리지 않았다

덜컥덜컥, 네가 내 가슴을 잠그고 갔다

빈집

벌판 끝에서 홀로 저물고 있는 빈집, 비었다는 건 밖이 아니다 기둥과 지붕 아래 집의 안쪽에서 아직도 서성이고 있는 빈방들 때문이다

새들이 분주히 추녀 끝을 오르내리며 풍경을 두드리거나 오래된 감나무의 홍시들이 띄엄띄엄, 가로등 대신 불을 밝히고 있는 것, 시든 꽃나무들도 일제히 길 쪽으로 고개를 길게 빼고 있으니

마치 빈 동굴이 견딜 수 없다고 외치는 대신 천장에 매달린 물방울 하나 떨어뜨려 고요를 뒤흔드는 것처럼 지금 벌판 끝에서 저물고 있는 저 빈집은 외롭다, 소리 내지 않고 넘치는 침묵의 무게를 햇살 아래 덜어내기 위하여 빈방들, 새들, 감나무와 시든 꽃나무들을 한꺼번에 불러낸 것

내 횡경막 안쪽이 텅텅 비어 공명을 울리거나 어느 높이에서 막 물방울 하나 떨어져 우레 소리 울리는 것도 내 몸이 이미 빈집이어서 동굴처럼 텅 비어 있다는 신호다

부레옥잠

 호수는 얇은 수막을 펼쳐 물 그물을 촘촘히 엮고 있다
 서서히 음순이 열리고, 부레옥잠의 흰 분비물 정충처럼 꼬리 흔들며 달려온다
 물은 황급히 문이 열리고, 누가 방문한 걸까
 잠시 후, 덜컥 문이 닫히는 소리
 수면은 짧게 몸을 떤 뒤, 깊은 잠에 빠진다

 저 부레옥잠은 물고기 부레를 닮아 물 위에 떠서 집을 짓는데 수상가옥은 부레옥잠의 다른 이름이 아닐까

 캄보디아, 바다처럼 드넓은 톤레샵 호수 근처, 가도 가도 끝이 없는 부레옥잠 군락, 흰 뿌리가 촘촘히 엮어놓은 물 그물 따라가 보면, 꼭 부레옥잠을 흉내 낸 수상가옥 마을이 보이고

 캄캄한 집안을 기웃거려 보니 수줍은 꽃잎의 여자 몸을 열고 부레옥잠 흰 분비물을 받고 있는 중인지
 부레옥잠 안쪽으로 어두운 그림자가 어른거린다

제비와 제비꽃에 관한

어디로 갔나 캄캄한 아버지는, 감나무와 녹슨 초인종 사이
나는 안개 더미에 빠져 발을 삐었다 길 위엔 누더기 햇살 몇 움큼

제비꽃 활짝 핀 퇴근길, 노란 주둥이 벌리고 있는 새끼 제비들, 한쪽 다리를 절고 있는 아버지, 어깨가 기울어 추운 저녁 굴뚝, 명치끝에 꾹꾹 걸리는 막걸리 냄새, 아버지는 다리를 끌며 집을 지나쳐간다 고압 전류가 흐르는 전신주 아래 비스듬 기대어 보랏빛 모자를 눌러쓴 제비꽃, 먼지만 슬쩍 발등을 덮는 제비꽃의 가느다란 발목, 제비꽃은 한쪽 다리를 전다 목마른 아기 꽃들이 시들고 있다

아버지의 봉분 곁에 피어난 제비꽃 무더기, 제비는 돌아오지 않고 절뚝절뚝, 내가 그 곁을 맴돈다

잎새 무덤

내가 죽었다고, 수런거린다 가을 햇살 고운 자리를 골라
조용히 바닥에 누웠다고, 나무들이 나를 조문한 뒤 눈길
거둔다 바람 한 줌이 끝까지 내 곁을 맴돈다 젖은 옷을
벗고 마른 땅으로 돌아갔다고, 새들이 갈라파고스 해안에
모이듯 대지에게 안겼다고
문상객들은 흩어진다, 나는 사라진 게 아니다
젖은 몸을 말리며 가벼워질 때, 살아서 넘치던 무게
허공에서 바닥으로 옮겨왔으니
야윈 육신 위엔 아직도 벌레들 발자국이 묻어 있다
내 몸의 수분은 증발하여 구름 위에 얹혀질 테니
눈빛 흐릿한 내 망막 위에 초저녁 별빛 내려앉아
떠들썩했던 역사도 사랑도 희미해질 때
잎맥을 가로지르던 파문도 잠잠해질 테니
가벼워진 것들의 버스럭거림, 내려놓은 자들의 빛바랜
펄럭임, 그냥 못 본 척 지나가다오
새들아, 사람들아

무덤새

아무도 자기 무덤에 스스로 들어가지 못한다

무덤새는 날마다 무덤을 만든다, 알 하나 부화하기 위해
한평생 무덤새는 무덤 위를 떠나지 못한다 산처럼 봉분을 쌓고 있는 새의 부리가 삽이라면 두 다리는 포클레인이다
무덤새의 뒷모습이 등이 휜 아버지를 닮았다
중세 때 묘지장식가란 직업이 있었다, 남루한 옷을 입고
남의 무덤을 맴돌며 묘지를 화려하게 장식하던 무덤새들
묘지 조각과 부화는 모두 알을 지키는 일이다

파푸아뉴기니 아열대의 봉분 속은 펄펄 끓는 용광로다
그 속에서 무덤새는 태어난다
죽음도 저렇게 뜨거워져 한번쯤 흘러넘치는 삶이다
누군가의 등이 휘는 동안 내가 저기 묻혀 있다는 걸
한 백년 지나 따스한 알로 부화하리란 걸
새들은 어디 짐작이나 할까

무덤새가 무덤을 맴돌고 있다, 생사의 뜨거운 갈림길이다

나도 언젠가 저 사잇길을 지나왔을 것이다
펄펄 끓는 열기가 내 몸을 덮고 가지만

나는 내 무덤에 스스로 들 수가 없다

메콩강, 반달

메콩강 밤배는 뒤뚱뒤뚱, 반달 쪽으로 흘러간다
이 배의 목적지가 반달 포구라서 그런 건 아니다
달의 엉덩이가 해안선과 비스듬히 겹쳐지기 때문이다
이지러진 분화구 쪽에선 아오자이 자락이 펄럭인다

부레옥잠 군락이 수상가옥 마을을 흉내 낸다
뿌리를 물속에 박고 있는 게 그렇다
집 뒤꼍에서 한 여자가 뒷물을 하는지
달 쪽에서 어렴풋이 물 푸는 소리가 들린다

처녀 사공은 서울에 가고 싶다고 속삭인다
그린파파야 붉은 속살이 얼비쳐 달무리도 끈적거린다
달빛 부풀어 메콩강이 꽉 찰 때
처녀 사공은 삿대를 강물에 힘껏 내리꽂는다
달빛이 파르르 몸을 떨다가 이내 단잠에 빠진다

지하 도서관에서 베트남 전쟁사를 읽는다
보트피플이 이 해안선을 떠난 건 사십 년 전이다

어둠 너머로 지워진 달의 반쪽은 아직 무사할까

액자 꿈

   젊어서 죽은 친구가 내게로 왔다 칠 년 만이다 부활인가? 잠시 먹먹해졌다 나는 할 말도 떠오르지 않고 서먹하여 친구에게 공연히 미안해졌다

   서예가인 친구 손엔 붓 대신 칼이 쥐어져 있다 갑옷을 걸치고 있다 혼자가 아니다 가만, 지금이 어느 시대인가 화살이 빗발처럼 날아온다 여기가 어딘가, 혼자 성문 위에 엎드려 있다 친구여, 꿈보다 더 먼 우리 사이가 아닌가 울먹이다 잠이 들었다 꿈속의 잠은 더 달콤하게 밀려오는데

   이상하지 않은가, 친구는 칠 년 전에 죽었고 나는 꿈속에서 다시 잠을 자는데, 우리는 왜 싸워야 하나

   칼이 붓을 대신할 수 있을까, 친구의 칼날이 내 몸을 가른다 가만 보니 피 대신 먹물이 흐른다 내 몸 위에 글씨가 새겨진다 이상하지 않은가 아프지도 않은 죽음, 글씨들의 싸움

   죽은 친구가 온 날, 먹물 선명한 액자 꿈을 꾼다

북방으로

 북극제비갈매기에게 항로를 물어, 나는 지금 북방으로 간다 발바닥을 새파랗게 물들이는 쿠릴열도, 긴긴 모래톱 안쪽으로 활처럼 휜 연해주의 등허리 지나

 북방이란 말에선 말발굽 소리가 난다 내가 아직 북방 기마족이던 시절, 내 말은 자꾸 살갗이 흰 자작나무 숲속으로 내달린다 끝없는 들판과 솔빈강 지나면 텅 빈 마을, 등 굽은 노인 몇이 지나간다 왜 까레이스키란 말에선 저녁 연기 냄새가 나는지, 물거울에 비치는 노인의 입술이 자작나무 수피처럼 갈라져 있다

 등고선은 더 가파르게 휘어지고, 돌이끼 뒤덮인 유적들과 희미한 옛 성터 지나, 이 길은 대체 어디서부터 이어진 걸까 저 길 아래쪽으로 발 저린 반도가 서성이고 있다는 뜻일까

 꿈길에 몇 번 마주친 듯 낯익은 풍광이 찍어놓은 들짐승의 발자국 따라, 나는 지금 북방으로 간다

시월의 시

눈시울 깊은 곳까지 비춰주던 가시광선들, 내 몸 가득 저녁 강물이 밀려들거나, 달빛 촘촘히 배어들던, 시월은 지상의 한 시절이 아니었는지 모르네 내 몸이 새털구름으로 흩어지거나, 푸른 하늘로 비상하던,

단풍은 먼저 내 머리카락 속으로 스며들어 대뇌와 소뇌, 후두엽과 세관고리관을 차례로 물들였네, 이마와 귓불을 지나 가슴에 벌겋게 불을 지폈네 신경의 마디마디 붉거나 노란 물이 들어 줄기 끝까지 퍼져나갔네

나는 시월에 쓴 몇 편의 시를 단풍과 바꾸고 말았네, 시월에 쓴 시들은 내 몸의 단풍이 밟고 간 흔적이거나 색깔이 흘린 자국일 뿐, 내 글이 아니네, 그건 단풍의 글이네

만항재를 넘다

 함백산 만항재는 우리나라 가장 높은 고개, 높다는 건 가장 멀리 있다는 것, 꼭대기에서 운탄길로 빠진 건 운탄雲灘이란 이름에 홀렸기 때문, 구름이 고갯마루에 걸려 강물처럼 흘러넘치는, 운탄으로 드니 인가 하나 없고 길 끝에 노승 혼자 지키는 절집 한 채, 그마저 길은 종적 없이 사라지고

 나 단단한 고립, 푸른 은둔을 꿈꾼 적 있었으나, 노승은 세상 빗장 걸어 잠그고 아직도 찾지 못한 마음 하나 골똘히 들여다보는 중이다

 만항晩項의 옛 이름은 늦은목이, 아아 늦은목이라니! 여기선 풍문도 산마루에 걸려 한 발 뒤처진다 그리운 이름 불러도 부질없다 사방을 가로막은 녹색 병풍숲, 메아리만 산비탈을 서성이다 가는데

 왜 숨어 있는 것들은 시린 초록일까, 한강 시원 검룡소 푸른 이끼를 보고서야 나도 느지막이 푸르러졌는데 해는 느릿느릿 재를 넘다 발이 삐고 마는, 늦은목이에선 새들도 한참을 섰다가 간다

안개의 족보

 고기古記에 이르길, 안개의 뿌리는 역사가 깊다고 전한다 그 가계家系를 거슬러 오르면 두물머리 새벽 강가에 이른다 거기서 물고기를 돌보던 일부가 북한강을 따라 가평이나 춘천 쪽에 둥지를 틀고, 다른 쪽은 목계나루 부근으로 내려가 터를 잡았다 가리고 숨는 데 일가를 이루어 혁명적 지사나 연금술을 가업으로 이어왔다 시조는 페르시아에서 중국의 후난성으로 흘러들어 왕권에 저항하다가 한반도까지 스며들었으니 기원전의 일이다 중시조 휘자諱字가 화랑운기花郎雲記에 잠깐 비치나 낙자落字가 심하여 자세한 걸 알기 어렵다 다만 화랑의 전신인 원화源花 집단이었을 가능성이 크다 동해안을 따라 호미곶에서 금강산까지 오르내리며 수련을 쌓고 아름다운 비경에 가담했던 게 그 중 거다

 이씨춘추李氏春秋에, 세상의 풍광을 바꾸는 데 능하다는 건 이들을 일컬음이니, 낡은 풍경을 덮어 새로운 안계眼界를 연다는 뜻이다 그 후손들이 지금은 뿔뿔이 흩어져 낙동강변이나 섬진강가에 집성촌을 이루고, 지리산 설악산 높고 깊은 계곡마다 뿌리를 내리고 있으니, 성씨대관姓氏大觀이나 족보총람族譜總覽에

서도 송두리째 놓치고 있는 건, 이들의 드러내길 싫어하는 기질 탓이다

---

*인용 문헌 중 『성씨대관』과 『족보총람』을 제외한, 모든 책 이름은 존재하지 않는 허구의 책들이다.

불가사리

 내가 옅은 자줏빛 불가사리 강綱에 딸린 우리 극피동물을 변명하는 건 얼굴이 붉은 것과 내성적 성향 사이의 연관을 짐작하기 때문인데 아직도 불가사리, 하고 부를 때 불가사의가 함께 떠오르는 것도 우리 극피동물은 바다의 사생아, 아무도 닮지 않은 얼굴로 버젓이 어족의 영토 안에 머물기 때문이다

 산호숲의 외톨이는 오늘도 납작 엎드려 있다 아니, 마음까지 납작해졌다 사리울 밖 기척에도 마음 졸이며 스스로 덧문 걸어 잠그는, 천형처럼 바닥에 누워 별 모양이나 시늉하는

 내가 우리 극피동물을 두둔하는 건 별을 닮은 외모를 자랑하고 싶어서가 아니라, 우리들의 운명은 바다를 선택한 순간 쓸쓸해졌다고, 바다를 꿈꾸는 동안 한없이 누추해졌다고 고백하고 싶어서다

 어느 쪽에도 끼지 못하고 바다의 울 밖을 서성이는 우주의 미아, 우리들 처지가 추워서다

다시, 숨은 폭포

이토록 견고한 집은 본 적이 없어요

누군가 황급히 계단을 뛰어 내려가네요 희미한 물안개 사이로 가지요 문득 그는 지워지고, 그림자만 하얗게 서 있습니다

별빛이 적설처럼 쌓입니다 누군가 눈을 쓸지요 눈가루 자꾸 쌓입니다, 쌓여 달무리 곱게 집니다 달집 주변이 새하얗습니다 저 흰 울타리 지나면 어느 마을에 닿을까요 꽃잎 같은 여자는 아직도 거기 서 있을까요

이토록 물렁거리는 집은 본 적이 없어요

나는 자꾸 흰 그림자 속으로 뜁니다 뛰다가 뒤를 돌아봅니다, 나는 어디로 갔을까요 내가 있기는 했던 걸까요
　물렁물렁 그림자로 세워진 집, 결론을 숨긴 채 질문만 쏟아내는 집

하나가 없으니, 모두 텅 비었네요[*]

---

[*] 라마르틴의 시 「고립 isolement」에서.

길 끝에는

끝에 당도했다고? 그곳이 꼭 끝이라고 말할 수 있을까 길은 끝을 숨기고 있단다 끝이란 언어가 축축한 건 그 때문이지 눈꺼풀 안쪽의 동공이 젖어 있는 것도 마찬가지란다 가구의 모서리나 길모퉁이도 하나의 끝이거든, 한 발만 슬쩍 내디뎌도 풍경이 다시 열리기 때문이지 누군가는 거기서 우주의 비밀을 훔쳐보기도 하지만, 끝에는 책갈피처럼 은밀한 지평선이 숨어 있단다 나비 날갯짓마냥 가벼운 펄럭임이 감춰져 있지 슬쩍 열렸다 닫히는 봉투도 좋겠구나

그래, 날개 안에 갇힌 봉투!

봉투는 닫히는 게 운명이지만, 그 순간 허공이 문제를 일으키지 허공은 밀봉되는 걸 참을 수 없어 요동치거든 나뭇잎의 줄무늬가 끝나는 지점에서 톱니가 기다리는 것처럼 길은 끝에 다다를 즈음, 슬며시 서랍을 연단다

제4부

매화, 몇 세기를 흘러온 물소리

 내가 후백제 시대를 살았다는 증거는 어디에도 없다 오늘, 섬진강변 매화꽃잎 떨어진다
 꽃잎은 소리가 없다 그 무렵, 손끝 매서운 화공이 꽃잎의 소리를 그렸다는 기록이 있다 그 기록이 낯설지 않다

 꽃피는 시절은 지나갔다 나무들은 무덤마냥 잠잠해졌다 모든 게 무음無音이 되자, 내 잠도 끝났다

 꽃잎 속에서 물 흐르는 소리가 난다 무음無音의 속잎을 가만 열어보면 젖어 있다, 화공이 누구였는지 이제 분명해졌다

비 오는 날

비가 내리면 내 안쪽이 먼저 축축해지는 건 우리가 나무였던 시절

밑동부터 흠뻑 젖었던 기억 때문이지요

젖을수록 모서리의 윤곽은 또렷해지고, 우리가 강물이었을 때

온몸을 두드리던 빗방울들은 잠든 세포를 깨우고 있었지요

물에 불어 견딜 수 없는 떨림으로 목이 멜 때, 아직도 기억하나요

우리가 나무나 새였을 때, 오지 않는 누군가를 몹시 기다릴 즈음

나무들은 자꾸만 울먹이고, 강물 홀로 바삐 지나가고 있었지요

새들이 골똘히 생각에 잠기는 버릇도 젖은 부리를 깃 속에 묻던

\>

그때부터의 일이지요, 비가 내리면 푸른 이끼들은 무성해지고

곰팡이 포자들이 들불처럼 내 안쪽으로 번지는 것도

우리가 나무였던 시절의 아주 오래된 습성이지요

폼페이, 소금꽃

나는 지금 폼페이 대로를 지난다 지병처럼 호흡이 가빠진다 저 유적의 동구는 발정 난 개떼들로 한때 소란스러웠으니, 돌 틈에 낀 아이 얼굴이 내 유년과 자꾸 겹쳐진다 아이의 눈빛에서 심각한 균열을 읽는다 눈물샘 근처로 누수 자국이 보인다

아이는 오래전 죽었다, 마르지 않는 눈물이라고 나는 쓴다 이천 년 이쪽과 저쪽이 눈물과 소금의 차이를 만들었다 로마제국 소금밭이 그의 고향이라고 적혀 있다 아니다, 이건 내가 꾸며낸 이야기다

급여가 소금이던 시절, 반들거리는 저 돌길 가로질러 아비는 소금 한 포 짊어지고 돌아오고 있었을까 그는 한 번도 소금의 근원에 대해 고민한 흔적이 없다 눈물과 소금 성분을 비교 분석한 도보고행 수도사의 수기에도 소금쩍이 서려 있다

어느 땐가 나도 소금 한 포 짐 지고 이 길을 지나간 적 있다 골목길이 낯설지 않다, 그럼 나는 그때 죽은 사람인가? 붉은 지붕들 갑자기 흔들리고 낙진이 흰 눈처럼 도시를 뒤덮는다

꿈에서 깨어난 아침까지 내 몸에도 소금꽃이 하얗다

단풍잎 편지

가장 외진 자리만 골라 단풍은 불을 켭니다 당신의
자리는 어디신지요? 단풍도 가장자리를 좋아한다고,
세상 누항陋巷, 어두운 골목마다 누구의 등불이 더
고운지 시합하듯이

지금 내가 당신께 편지를 쓰는 동안 내 마음속 어두운
골목길에도 불이 활활 당겨지고 있습니다 불은 가슴에
화인火印을 새기고 재를 남기고, 곁길 쪽으로 번지고
있습니다

후미진 골짜기마다 산이 벌겋게 발열을 일으킵니다
내가 쓰고 있는 편지지에도 붉은 물이 스며드는 지금
내 마음은 왜 외진 웅달만 기웃거리는 걸까요

통영이란 이름

통영! 하고 부르기도 전 혀끝이 먼저 알고 동그랗게 말린다
혀끝의 떨림을 따라 물방울이 튄다, 내 안에 숨어 있던
지느러미가 떤다, 이런 날 내 몸은 악기가 된다 두 개의 이응
음절은 차례로 글자들을 밀어 올려 소리를 통통 튀게 만든다
깊은 울림이 통영이란 음가를 떠밀어 전신으로 퍼져나간다
바람결이 내미는 파장을 온몸으로 받으며 가로등에 기댄
갈매기들이 졸고 있다 내가 통영! 하고 뱉어낸 소리를 쫓아서
몸도 통영 쪽으로 문득 기울어진다

저 한려수도는 내해內海를 닮아서 점점점, 섬들을 나는 통영
호도湖島라고 고쳐 부른다

통영! 이란 언어를 떠올리기도 전, 내가 현악기였다는 걸
몸의 진동이 밝혀준다 통영은 주술이거나 마법을 닮아서
초록 꿈길도 잎새처럼 덜컹거린다

소설처럼 1

 묻지 마라, 나는 아우를 죽였다

 내 고향이 바닷가 모감주 숲이라거나 사막여우에게 양육되었다는 건 모두 부풀려진 전설이다
 믿을 만한 사서史書에 따르면, 목이 긴 왕족으로 태어나
 열셋에 가출하여 바다를 건넜다고 적혀 있다

 궁궐 기둥들이 부식하는 동안 모감주 숲은 모래언덕에 편입되었다 사구가 바다 쪽으로 떠밀리는 동안, 사막 풀 눈물로 적시며 나는 지나왔다

 빛은 그늘에 기대어 자라고 달빛은 구름에 걸려 주름을 접는다 모래무늬와 강 물결이 그걸 흉내 내는 사이
 내 청춘은 티그리스 강가에서 다 흘러가 버렸다
 오래된 수메르 문헌을 뒤적이며 나는 시력을 잃었다

 묻지 마라, 내 너를 사랑한 건 눈으로 읽은 경전 때문이 아니다 사랑과 살육이 이웃이었으니

사랑이란 누군가를 겨누는 일이라고, 나는 쓴다

돌아갈 수 없는 게 고향만은 아니다, 누군가 또 낡은 사본 넘기며 영생이나 구원이란 글귀 아래 밑줄을 긋고 있겠지만 애증의 역사 그보다 먼저였으니

마음 캄캄해질 때 알리라
어두워지는 게 저녁만이 아니란 것을

소설처럼 2

    사막에서 길을 잃었다 길은 처음부터 없었다 모래알들은 핏빛을 지나 보랏빛 어스름 속에 묻혔다 나선형 사막 무늬를 따라 드디어 중세에 당도했다 이 길은 오래전 세계의 변방에서 시작되었다

    지나온 길들이 지워졌다 내 몸은 잊힌 유적이 되었다 다시 중세에 왔다 두려움에 떨며 신전을 지났다 아랍어 문장들이 별자리의 낙서처럼 꿈틀거렸다 중세와 중년이 겹쳐지는 꿈을 꾸었다 누군가 신비의 혀로 시를 읊조리는 사이, 그의 혀가 푸른 이끼로 뒤덮이는 동안

    활자들의 숲을 지났다 경전의 갈피가 누더기가 되었다 한밤의 문지방을 넘다가 잎이 지는 소리를 들었다 그때, 누군가 나의 부음을 전해왔다 중세의 서울에서 나는 잊혀졌다

    신의 책 한 페이지가 펄럭, 넘겨졌다

    내가 별자리마다 이름을 붙이는 동안, 별들은 밤마다 내 이름

을 불렀다

소설처럼 3

    누군가의 슬픔으로 강물은 불어난다 젖은 입김으로 나무는 몸이 무거워진다 노을이 소리 없이 화환을 짠다 들창마다 불이 꺼지고 어둠이 온다

    그 저녁, 떠나간 애인들은 머리 풀고 돌아오고

    누군가의 눈물로 하늘이 멀어진다 곡비哭婢들 통곡 소리 골목을 메운다 눈물 속에서 눈물의 씨앗은 자라고 그 싹을 비구름 속에 가두기도 한다 아, 하고 입을 벌릴 때 나뭇잎들이 먼저 몸을 떤다

    길모퉁이마다 떠나간 애인들은 배가 불러 돌아오고

    공동묘지 입간판이 떨고 있다 미로를 빠져나와 통로 끝에서 붙잡히는 바람, 누군가의 한숨으로 눈발 더욱 사나워지고 애인이 낳은 사생아들 나를 닮아간다
    아이들은 밤마다 칼을 갈고, 내 귀밑머리 하얘진다 이 누구 짓이냐? 무참히 강물을 베어낸 건

강물이 몇 번 몸을 떤다 살아서 꾸지 못한 꿈을 꾼다 별들이 내 몸을 떠메고 간다 누군가 요령을 흔들고 곡비들 꺼이꺼이, 노래하는데 이건 무슨 노래인가?

별똥별 꽃비처럼 쏟아지는, 이곳은 누구의 허공인가?

소설처럼 4

네가 쏜 화살들 사납게 날아와, 꽃잎으로 쌓인다
내 아비가 자줏빛 망토를 걸친 지네였다면, 전설이란
애초 노래였으니 내가 노래의 책을 펼칠 때, 꿈속으로
드리운 거미줄에 걸려 어미는 아이를 잉태하고

나는 몽롱한 꿈의 사생아, 늪가를 서성이던 마파람,
광야를 이끌고 걸어가는 동안 언덕은 초원이 되고
키 큰 나무들은 등이 굽었으니

마파람의 계보를 따라가 보면 거미의 35세손 지네로부터
지중추부사 홍문관 제학의 17세손, 그쯤에서 내 핏줄은
환형동물문環形動物門 빈모강貧毛綱에 이르고

죽은 시조가 사흘 만에 사라져버린 동굴 밖에서,
바람 부는 지평선 이쪽과 저쪽, 편서풍이 동남풍으로
바뀌는 동안 내 핏줄도 마구 뒤섞였으니

네가 쏜 화살들 책 중의 책 속에 음표로 박혀

누가 아직도 절지동물의 슬픈 내력을 노래하나

내가 저 유목길 사막을 지나, 처음의 물가에 다다를 때

소설처럼 5

나는 서쪽에서 왔다, 서녘 하늘 새벽까지 걸려 있는 달그림자 거기 기대어 네 눈빛 더욱 또렷해지고 황하 남쪽 부근인가 네 발목을 적시는 강물, 그 위에 어리는 흰 달, 발가락이 가려워 관 속에서 잠시 신발 한 짝 벗었던 달마처럼

하늘엔 낯선 샛별 하나 뜨고 봉두난발 사내 그 별과 눈을 맞출 때, 별똥별 벼락처럼 쏟아질 때, 뇌수 끝까지 뜨거운 불 관통할 때, 나는 어질어질 산을 내려온다

저 강물의 근원에 대하여, 풀잎들의 사연에 대하여 나는 이미 읽었다 아이 하나 태어나 슬피 울고, 노인 하나 죽어 흐느껴 울고, 또 누군가 만나 이별을 준비할 때, 나는 서쪽에 왔다 등불 하나 들고 산을 내려왔다 독배를 마시고 어두운 강을 건넜다

소설의 결말이 비극인 것처럼 샛별은 이미 졌고, 세상은 다시 환해졌다 나는 이제 소란스런 시장통을 지나가야 한다 아무리 신발 한 짝을 벗어도 내 신발은 벗겨지지 않으리라

〉

저 낭패! 샛별의 슬픈 종말처럼 야금야금 아침이 온다

매춘란

　터질 듯 부풀어 오른 엉덩이다, 아니 깊게 파인 골짜기다 저건 분명 암컷의 빛나는 엉덩이다, 아니 골짜기다 수컷 벌들은 거기 달려들어 한바탕 허위 교미를 치른다 오프러스란이 매춘란으로 불리는 까닭이다

　솔거가 그린 노송도를 향해 언젠가 고개를 처박은 새들도 있다 어떤 새들은 히말라야 설산을 넘다가 부리를 눈 속에 박고 고드름이 되기도 한다 오프러스란의 엉덩이가 매혹적인 죽음의 입구인 연유다

　입 쩍 벌린 궁둥이, 음산한 피톨들 등 따습게 떠밀어 수컷 벌이 치루는 한바탕 잔치, 붉고 붉은 꽃잎의 그 음란한 뒤태 그걸 은유적 밀거래라고 말한 사람도 있다*

　시도 그렇지 않은가, 생각의 촉수들 어둠 속으로 스며들 때 엉덩이 벌린 꽃잎에 코를 처박는, 이윽고 수컷 벌이 되고 마는 시인은 음험한 은유의 밀수꾼들이니

　저 엉덩이 근처, 죽음의 환한 입구가 보인다 누가 또 내 등을

냅다 떠민다

＊마이클 폴란의 책 『욕망의 식물학』. 오프러스란을 매춘란으로, 허위 교미를 은유적 밀거래로 명명한 건 모두 이 책이다.

하숙집

1. 베네딕토 수도원

저 뜨거운 햇살 속, 뙤약볕으로 타는 길 한가운데
내 중학생 시절 하숙집이 있다 사막을 지나가는
낙타처럼 무작정 걸어야 당도하는 집, 불암산 아래
베네딕토 수도원에 가서 검은 옷을 입은 수사들이
드리는 미사를 보다가 검은 낙타 울음소리 듣는다
그때는 내가 그랬다

2. 휘파람새

마당바위 너머로 내 젊은 날 하숙집이 가물거린다
언젠가 네가 앉았다 간 그 바위 위엔 궁둥이 자국이
찍혀 있다 발정 난 수컷 새가 그걸 보고는 홀,딱,벗,고
홀,딱,벗,고, 애타게 암컷을 부르고 있다

3. 텅 빈

가을이 되면 산은 방학이다 새들도 울지 않는 텅 빈
하숙집이다 이젠 구애도 끝나고 암컷들만 조용히
새끼를 품고 있다 내가 이렇게 잠잠해진 것도
너를 향한 구애가 끝났기 때문이다

모래의 여자*

갔었지 거기, 지친 사무라이 객사를 찾아 헤맬 때
손가락으로 집을 가리킨 스님은 누구일까, 구불구불
해안길 돌아, 갔었지 거기 모래의 여자를 만나러

검은 모래밭은 평평하고 비좁아서 누구 하나 실종될
낌새 보이지 않았지 아베 코보는 여기서 사막의 배를
띄우고 모래는 이미 죽음의 영토라고 속삭였지
사는 일이 모래밭 지나다 발이 빠지는 것과 닮아서
나 파도 소리에 귀를 베고 잠들고 싶었는데
삶은 모래의 유동처럼 이윽고 허물어진다고
아베 코보는 끝내 울먹였지

지숙指宿 해안을 떠나기 전, 나 보고 말았네 파도 소리에
속이 울렁이는 모래들, 사구 안쪽으로 길이 열리고
높은 산 깊은 계곡 파이는 걸! 내 몸의 세포들
차례차례 운모의 낱알로 떨어져나갔네
나는 보이지 않고, 내가 유동하는 모래알이 되었지

>

그럼 실종된 건 누군가? 이브스키 사구에서
나는 기어이 사라지고 말았네

---

*모래의 여자: 아베 코보(1924~1993)의 소설. 작품 무대가 남큐슈 이브스키指宿 사구이다.

구름 문양 돌층계

 가을볕 날카로운 침이 하늘을 쪼는 정釘이라면 누가 하늘 망치 두드리는 순간을 기다렸다가 벼락 치고 비 내리는 건 아닐까

 돌층계에 새겨진 구름 문양을 무심코 밟다가 내 발가락들이 갑자기 따스해졌는데 한 천 년쯤 세월도 지나, 하늘 비수에 발끝 베인 듯 가을볕 정을 내가 맞는다

 마침 가을볕도 손이 근질거려 망치 휘잡았는지 때 아닌 번개 치고 소낙비 쏟아진다 비구름 내려와 화강암 돌계단에 몸을 포개자 구름 문양 속살까지 환해진다 저렇듯 오랜 세월, 때가 묻은 저 문양도 천둥 번개 기다리며 속이 울렁였는지,

 아니면 숫구름이 몰래 바닥 돌 훔쳐보다가 저 암컷 돌 도톰한 입술 위에 내려와 그 무늬 짙게 짙게 되새기고 가는지

 새벽이면 더 또렷해지는 왕궁 돌층계 구름 문양을
 손바닥으로 가만가만 더듬을 때

산을 내려오다

어느 산에 다녀 오냐고? 산 이름은 물어 무엇 하나

향긋한 봄풀을 따라갔다가, 하늘하늘 지는 꽃잎 쫓아 돌아왔지*

저기 저 꽃잎도 한때 물이 올라 무거운 몸을 추스르지 못했네 이제 한결 가벼워진 낙화의 시절 짐작도 못했네

내 몸이 꽃잎 무게로 내려와 밤의 산비탈에 쌓여 있거나 분분히 날리는 별빛으로 돌아가, 다시 꿈의 집 한 채 세워두거나 산다는 이 쓸쓸한 산행의 뒷자리면 나는 또 향기에 취해 골짜기 헤매고 다 저물녘 꽃잎으로 가라앉겠네

---

*장사長沙 선사: 始隨芳草去 又逢落花回.

먹구름에 물들다

　시골집 툇마루에 앉아 있었다 먹장구름이 몰려와 세상이 온통 캄캄해졌다 구름의 중량이 내 어깨를 짓눌러 온몸이 뻣뻣해졌다 저릿저릿, 내 몸이 어두워졌다

　호흡이란 빛과 어둠이 내 몸을 통과하는 소리, 나는 부풀다가 가라앉거나 팽창하다가 쪼그라졌다 희고 검어지면서 구멍 숭숭 뚫린 구름의 모공, 그 속을 들락거리면서 숨 쉴 때마다 부풀어 오르는 어둠의 내부, 흰 속살을 몰래 훔쳐보았다

　먹장구름이 지나가자 내 몸이 깃털처럼 가벼워진 것도 구름과 내가 붙어 있다는 징조일까, 내 몸이 환하게 밝아져 시골집 툇마루가 붕붕, 떠오르고 있었다

해설

꿈의 사생아, 꽃의 운명을 살다

이성혁(문학평론가)

1.

　이경교 시인의 여섯 번째 시집인 이 『목련을 읽는 순서』의 시세계에 대해 논하기 전에, 그의 다섯 번째 시집인 『모래의 시』에 대한 박형준 시인의 해설을 소개해보고 싶다. 그는 『모래의 시』에서 전개된 이경교 시인의 시에서 "절대적 정신주의의 아름다움은 피안을 현실보다 위에 놓거나 현실을 피안 위에 놓는 것이 아니며, 현실과 피안을 구별하지 않고 함께 끌어안은 채 하나의 과정 자체가 되는 것"을 읽어내고는, "이경교 시인의 미덕은 '정신주의'와 '서정성'을 분리하지 않고 '정신'과 '삶'을 통합해내는 데에 있다."고 말한 바 있다. 『모래의 시』의 시세계를 잘 파악한 말이라고 생각된다. 이에 따르면, 이경교 시인의 시적 '정신'은 삶의 현실을 초월하지도, 그 현실에 속박되지도 않는다. 그것은 현실을 끌어안고 더 앞으로 나아가는 정신이다. 그런데 『목련을 읽는 순서』는, 『모래의 시』와는 사뭇 다른 시세계를 보여준다. 이 시집에서는 '정신주의'의 면모를 드러내기보다는 오브제와 시인이 한몸을 이룬 하나의 경지를 선보이고 있다.

'시인의 말'에 따르면, 이경교 시인은 이 시집에서 예전과는 다른 시적 모험을 시도하고 있다. 그것은 "오브제와 한몸이 되는 것, 내가 대상 속으로 틈입하는 것, 나와 너의 사이가 사라지는 것!"을 시도하는 것이다. 그러한 시도는 그 자신이 '무모한 꿈'이라고 말하고 있을 정도로 달성하기 어렵다. 그 시도는 언어를 통하여 언어의 한계를 넘어 대상과 황홀하게 융합하고자 하는 시(poetry)의 꿈을 현실화하고자 하는 것, 시인이 말하듯이 "언어의 극한점을 꿈"꾸는 것이다. 하지만 이러한 극한적인 꿈의 '무모함'은 시작(詩作)을 좌절시키는 것이 아니라 시작에 생동감을 불어넣는다. 시의 꿈에 다가가는 그 달성 불가능한 시도에 의해 여러 시편(poem)이 탄생될 테니 말이다. 언제나 실패하겠지만, 실패의 산물, 즉 시편은 남는다. 하여, 독자들은 이 실패한 시편을 통해 시의 꿈 한 자락을 경험할 수 있는 것이다. 시의 꿈이 달성된 절대적인 시는 언어와 대상의 경계선이 없어진 질료적 세계 그 자체가 될 것, 그것은 시편이라고 말하기 힘든 현실 자체일 테다. 그것은 불가능의 세계다. 하지만 언어의 한계에 갇혀 있으면서도 그 한계를 넘어서고자 하는 언어의 움직임, 그 한계와 극복의 긴장이 시편을 구성하게끔 하는 것이다.

언어의 한계를 넘어서서 대상과 융합하고자 하는 것, 그 시도는 대상의 표면에 대한 관찰만이 아니라 대상의 비가시적인 안쪽으로 직접 들어가고자 하는 노력을 동반해야 한다. 이를 시인은 아래의 시에서 섹스 또는 애무에 비유하고 있다.

터질 듯 부풀어 오른 엉덩이다, 아니 깊게 파인 골짜기다 저건 분명 암컷의 빛나는 엉덩이다, 아니 골짜기다 수컷 벌들은 거기 달려들어 한바탕 허위 교미를 치른다 오프러스란이 매춘란으로 불리는 까닭이다

솔거가 그린 노송도를 향해 언젠가 고개를 처박은 새들도 있다 어떤 새들은 히말라야 설산을 넘다가 부리를 눈 속에 박고 고드름이 되기도 한다 오프러스란의 엉덩이가 매혹적인 죽음의 입구인 연유다

입 쩍 벌린 궁둥이, 음산한 피톨들 등 따숩게 떠밀어 수컷 벌이 치루는 한바탕 잔치, 붉고 붉은 꽃잎의 그 음란한 뒤태 그걸 은유적 밀거래라고 말한 사람도 있다

시도 그렇지 않은가, 생각의 촉수들 어둠 속으로 스며들 때 엉덩이 벌린 꽃잎에 코를 처박는, 이윽고 수컷 벌이 되고 마는 시인은 음험한 은유의 밀수꾼들이니

저 엉덩이 근처, 죽음의 환한 입구가 보인다 누가 또 내
등을 냅다 떠민다
―「매춘란」 전문

위의 시는 이 시집의 바탕을 마련하고 있는 시인의 시론을 보여주는 시라고 말해도 좋을 듯싶다. 위의 시에 따르면, 시인은 "엉덩이 벌린 꽃잎에 코를 처박는" '수컷 벌'과 같은 존재다. 그는 '생각의 촉수들'을 대상의 비밀스러운 곳에까지 침투시켜 은유를 음험하게 빼내 밀수하는 자다. 이러한 은유의 밀수는 섹스 또는 애무할 때의 긴장과 쾌락을 동반할 것이다. (「꽃의 자궁」이라는 시에서는 꽃잎이 여성의 성기로 비유된다.) 물론 진짜 섹스를 하는 것은 아니다. '수컷 벌'이 '오프러스란'과 '허위 교미'를 치르듯이 시인 역시 세계의 아름다움과 허위 섹스를 하는 것, 즉 그것은 언어-은유를 통해 이루어지는 섹스인 것이다. 하지만 이 '허위 교미'는 죽음이 뒤따른다는 치명적인 위험이 있다. "오프러스란의 엉덩이가 매혹적인 죽음의 입구"인 것은 그 때문인데, 시인 역시 은유의 밀수를 행하면서 죽음에 이를 수 있는 것이다. 어떤 죽음인가? 주체의 죽음일 것이다. 세계의 매혹은, 그것을 발견한 자를 자신의 발아래 굴복시킨다. 세계의 매혹을 발견하고자 하는 시인은 그 매혹에 점령당한다. 그는 어떤 힘에 의해 등이 떠밀려서 "엉덩이 벌린 꽃잎에 코를 처박"으며 어둠 속으로 들어가게 되는 것이다. 그 어둠은 기성의 구성

되어 있는 주체성이 와해된다는 것을 의미한다. 이제 시인은 이성의 빛을 통해 세상을 볼 수 없으며 매혹에 눈이 멀어버리게 된다.

2.

이경교 시인은 「꽃의 자궁」에서 여성의 성기와 같은 꽃잎 속을 "깊은 우주"라고 표현하면서, "나 길을 잃고 말았"다고 고백하고 있다. 그래서 그는 「붉은 방」에서 꽃잎 속으로 들어갈 것인지 말 것인지 주저하기도 한다. "꽃판의 가슴팍이 들썩일 때마다 가만가만 붉은 방문 앞 서성였"다가 "꽃판 벌겋게 떨고 있을 무렵 나는 화들짝 돌아서고 말았"다는 것이다. 그런데 그 '붉은 방'이란 "복사꽃 일제히 입술을 내미"는 모습을 본 시인의 내면에 생긴 하나의 각성을 상징한다. 복사꽃의 아름다움은 시인의 내면에 "저 입술들 내 안에도 찍"은 것, '붉은 방'이라는 타자를 만들어낸다. 시인은 붉은 방 내부의 아름다움이 가지고 있을 치명성이 두려웠던 것일까. 아니면 그 방에는 시인도 다시 꺼내보기 두려운 은밀한 기억이 존재하고 있는 것일까. 어쩌면 이것은 방이란 이름의 본질에서 멀어지는 언어적 한계에 대한 고백은 아닐까. 그래서 그는 "그 방문 열어볼 수 없었"던 것이다.

그는 「목련 생일」에서도 "발작을 일으켜 그녀 이름 부르는 순간 내게도 화끈화끈, 열꽃이 핀다"고 말하고 있기도 하다. 그 시에서 '목련'은 아름다운 '그녀'를 가리키겠지만, 시인의 내면에 찍힌 영감의 다른 모습이기도 하다. 여하튼 그 목련은 「붉은 방」에서의 복사꽃과 마찬가지로 시인 바깥에 존재하는 객관적인 대상만이 아니라 시인의 내면으로 깊이 침투하는 성질을 가지고 있다. 시인이 "목련은 몸으로 꽃망울을 터뜨리는 게 아니"며 "슬픔이 목젖을 밀어 올려 꽃잎 켜켜이 포개진 불씨들"에 대한 인식을 시인이 새로이 할 수 있게 되는 것 역시, 그의 마음이 목련을 앓았기 때문이리라. 그러므로 목련을 읽어내기 위해선 마음속에 목련을 아프도록 받아들여야 한다. 목련이 마음속에서 자라나면서 흔적을 남기고 마음이 이에 반응하면서 목련의 깊은 곳을 읽어낼 수 있는 것이다.

    애야, 나는 목련을 만났지만 그릴 수가 없단다 목련은 텅 빈

    이름이 아니라 언덕의 영역에 속하므로, 그보다 더 먼 늪이거나

    쓸쓸한 그릇의 일부이므로 나는 목련을 썼다가 지우고, 그 빈터에

    도랑을 파기로 했단다 목련의 몸에서 여울물 소리가 들리는 건

목련의 고향이 강물이기 때문이란다 네 몸에서도 악기 소리가 날 때,

그때쯤 네 안에서도 목련이 자라나겠지

애야, 목련은 어디에나 있으나 어디에도 없단다 화사한 눈빛으로

제 안의 비밀을 토해내지만, 그때 목련은 죽음의 발치에 다가선 것이므로

잊어야 한다 목련은 이제 뜯겨진 명부名簿, 네가 뒷골목에서

어둠을 두 눈에 담을 때, 너는 이미 목련을 익히기 시작한

거란다 이름을 보는 대신, 너는 꽃그늘이 되어

너 지워진 자리만 하얗게 남겨진 거란다
　　　　　　　　―「목련을 읽는 순서」 전문

표제작인 위의 시에서 이경교 시인은 "목련의 몸에서 여울물 소리가 들리"듯이 "네 몸에서도 악기 소리가 날 때,//그때쯤 네

안에서도 목련이 자라"날 것이라고 말하고 있다. 이 시에 따르면, 목련은 객관적 대상이 아니다. "목련은 어디에나 있으나 어디에도 없"는 존재인 것이다. 그것은 추상적이고 텅 빈 '이름'을 통해 읽을 수 없다. 목련은 기표가 아니라 어떤 존재다. 그것은 언덕 또는 "먼 늪이거나//쓸쓸한 그릇의 일부"다. 그것은 우리가 올라가야 할 존재, 또는 우리를 깊이 자신 속으로 빠뜨리거나 자신 안에 쓸쓸하게 담아내는 존재다. 이 존재는 쓸 수도, 그릴 수도 없다. 그래서 시인은 "목련을 썼다가 지우고, 그 빈터에//도랑을" 판다. 그 도랑을 통해 목련의 여울물 소리를 들을 수 있게 되리라는 듯이. 그러므로 시인이 판 도랑은 악기와도 같다. 그 '도랑–악기'는 뒷골목으로 환유된다. 뒷골목에서 나는 소리가 여울물 소리다. "네가 뒷골목에서 어둠을 두 눈에 담"을 때, "목련을 익히기 시작"하는 것은 그 때문이리라. 그 뒷골목의 어둠은 내면의 어둠과 중첩될 터, 목련의 여울물 소리는 내면의 어둠이 내는 악기 소리이기도 하다.

　시인은 목련이 "제 안의 비밀을 토해"낼 때의 그 "화사한 눈빛"에 속지 말라고 말한다. 그 눈빛은 목련이 "죽음의 발치에 다가"섰을 때 발산되는 것이다. 목련의 본질은 그 화사함에 있다기보다는 "화사한 눈빛"을 보여준 직후의 죽음에 있다. 그러므로 목련을 익힌다는 것은 죽음에 이르러 지워지는 것, "꽃그늘이 되어//너 지워진 자리만 하얗게 남겨"지는 것을 통해서 가능하다. 목련을 읽어낸다는 것은 이렇게 죽음까지 포함한 목련의 존재성을 경험해볼 때 가능하다. 그런데 "하얗게 남겨"지는 '꽃그늘'이란 무엇을 의미할까? 삶이 끝난 뒤에 남긴 존재의 그림자라고 할 수 있으리라. 시인은 「꽃은」이라는 시에서 "꽃은 결국 텅 빈 이름만 남기는 거"라고 말하고 있다. 「목련을 읽는 순서」의 "목련은 텅 빈//이름이 아니라"는 진술과 모순된다고도 생각될 수도 있지만, 「꽃은」의 그 진술은 존재가 거두어진 꽃이 텅 빈 이름을 남긴다는 의미여서 앞의 진술과 모순되지 않는다. 이에 시인은 「꽃은」에서 "목련이//쓸쓸한 뒷모습으로 돌아서는 건, 이름 위에 드리워진 그림자들 때문"이라고 말하고 있다. 이 그림자들이 바로 "지워진 자리만 하얗게 남겨"진 '꽃그늘'일 테다. 꽃이 지고 난 후 남게 된 존재의 그림자들. 시인은 "핏빛 그림자를 모두 지울 수는 없"다면서, 이 시의 마지막 행에서 "너와 내 안에서 꽃은 쉬지 않고 피었다 지기 때문"이라고 말한다.

그것은 결국 꽃의 "텅 빈 이름"과 쓸쓸한 그림자들이 '너'와 '나'의 내면에서 쉬지 않고 생겨난다는 것을 의미한다. 하여, 시인의 내면과 융합되어 갈 그 이름들과 그림자들은 시인 자신의 이름들과 그림자들로 전화되어 갈 것이다. 시인이 "너에게 편지를 쓴다 내 이름을 뺀다. 너는 그 여백에서 기억이 떨구는 꽃잎들을 아득히 바라볼 테지"(「내 이름」)라고 말하는 것은 그 때문이리라. 나의 이름은 꽃잎들의 이름과 융합되었기에, 나의 이름을 뺐을 때에는 이름만 남기고 사라진 꽃잎들이 깊은 기억으로부터 부상하는 것이다. 또한 그렇기에 시인은 "이름이 사라진 자리마다 열매가 익는다. 꽃씨를 터뜨리는 저 풀꽃들. 내 이름이 사방으로 튄다 이럴 때 은닉은 죄가 아니라 확장이다. 꽃의 이름들이 팽창한다"(「내 이름」)라고 쓰고 있는 것일 테다. 나의 이름이 사라지자 꽃잎들이 등장하고, 그 꽃잎들은 또한 피었다 지면서 자신의 이름을 남기게 될 것이다. 그래서 "꽃의 이름들이 팽창"하는 것인데, 꽃의 이름들과 동화되어버린 나의 이름 역시 "사방으로 튀"게 되는 것이다. 이때의 '내 이름들'은 나의 실제 이름을 뺀 빈자리에서 증식하게 된 것, 그것은 주체의 죽음 이후에 얻게 된 존재의 역설적 풍부성이라고 말할 수 있겠다. 아래 시의 외로운 '빈집'이 여러 존재들을 "한꺼번에 불러" 냈듯이 말이다.

    벌판 끝에서 홀로 저물고 있는 빈집, 비었다는 건 밖이 아니다 기둥과 지붕 아래 집의 안쪽에서 아직도 서성이고 있는 빈방들 때문이다

    새들이 분주히 추녀 끝을 오르내리며 풍경을 두드리거나 오래된 감나무의 홍시들이 띄엄띄엄, 가로등 대신 불을 밝히고 있는 것, 시든 꽃나무들도 일제히 길 쪽으로 고개를 길게 빼고 있으니

    마치 빈 동굴이 견딜 수 없다고 외치는 대신 천장에 매달린 물방울 하나 떨어뜨려 고요를 뒤흔드는 것처럼 지금 벌

판 끝에서 저물고 있는 저 빈집은 외롭다, 소리 내지 않고 넘치는 침묵의 무게를 햇살 아래 덜어내기 위하여 빈방들, 새들, 감나무와 시든 꽃나무들을 한꺼번에 불러낸 것

  내 횡격막 안쪽이 텅텅 비어 공명을 울리거나 어느 높이에서 막 물방울 하나 떨어져 우레 소리 울리는 것도 내 몸이 이미 빈집이어서 동굴처럼 텅 비어 있다는 신호다
―「빈집」 전문

 저 "집의 안쪽에서 아직도 서성이고 있는 빈방들 때문"에 비어 있는 집. 그것은 마지막 연에서 볼 수 있듯이 '내 몸'의 안쪽, 이경교 시인의 육신적인 내면을 상징한다. "저물고 있는 저 빈집은 외롭"듯이, 시인 역시 텅 비어 외로울 테다. 빈집은 동굴과 같아서 "물방울 하나 떨어뜨려 고요를 뒤흔드는"데, 외로운 "내 횡격막 안쪽" 역시 "물방울 하나 떨어져 우레 소리를 울"린다. 그러나 빈집은 그 외로움 때문에 "빈방들, 새들, 감나무와 시든 꽃나무들을 한꺼번에 불러"내는 것, 그래서 저 빈집과 동화된 시인 역시 저 존재자들을 불러낼 터, 호출되는 그러한 존재자들이 그의 내면에 스며들면서 시는 써질 수 있게 되는 것이다.「시월의 시」는 그러한 스밈의 과정을 "단풍은 먼저 내 머리카락 속으로 스며들어 대뇌와 소뇌, 후두엽과 세관고리관을 차례로 물들였네, 이마와 귓불을 지나 가슴에 벌겋게 불을 지폈네 신경의

마디마디 붉거나 노란 물이 들어 줄기 끝까지 퍼져나갔네"라고 세세하게 묘사한다. "시월에 쓴 시들"은 이 단풍과의 동화 과정을 기록한 것이기에, 시인은 그 시들이 "단풍이 밟고 간 흔적이거나 색깔이 흘린 자국"이라고까지 말한다. 그래서 그 시들은 결국 "단풍의 글"이라는 것이다.

3.

하여, 이경교의 시에서 주체와 객체의 관계는 전도되고, 그의 시는 자동사적으로 써진다. 무엇을 쓰는 것이 아니라 무엇인가가 시인의 몸을 빌려 쓰는 것이다. 시인은 꿈에 대한 시편들을 통해 자신의 시가 자동사적 글쓰기를 행한 것임을 밝히고 있다.

사실 내가 먼저 이 집을 설계한 적은 없다 누군가 내 안에 스며들어 낯선 조감도를 펼쳐놓고 지상에서 가장 높은 집을 짓고 있을 때, 발아래 구름바다가 펼쳐지고 새들도 눈이 부신 듯 발바닥을 올려다보는 창공 저쪽, 내 손과 부리는 분주히 허공 끝에 첨탑을 세우고 있었으니

바벨탑 한 모서리가 구름치마에 걸려 찢어지고, 몇 개의 상처가 내 안쪽으로 깊게 그어지고, 그어진 자리마다 빗금

처럼 돋을새김 문양이 아로새겨져, 아프지 않았다 색깔 없는 창공 위에 새들은 날개를 접은 채 떠 있고, 떠 있다간 구름과 연신 자리를 바꾼다 모든 게 찰나마다 뒤바뀌는, 이곳엔 정물이 없다

    나는 집을 지은 게 아니다, 바벨탑은 처음부터 없었다 시공은 멈추지 않고 일그러진 욕망도 빛이 바래어 슬프지 않았다, 모든 게 지워지고 그림자만 짙게 새겨지는

    나는 이걸 기록이라 부르지 않겠다 먼 풍경이거나 부재하는 집, 몇 번이고 그 집을 지었다간 허물 것이다

—「꿈을 적다」 전문

    위의 시에서 시인은 자신의 창작방법론의 일부를 누설한다. 시인이 집—시의 집이겠다—을 설계하는 것이 아니라 "누군가 내 안에 스며"든 타자에 의해 집은 지어진다는 것이다. 시인은 누군가 펼쳐놓은 "낯선 조감도"를 통해 발아래 펼쳐진 '구름바다'를 내려다보고 눈부신 '창공 저쪽'을 올려다볼 뿐이다. 제목에서 유추해보자면, 그가 보고 있는 그 세계는 꿈의 세계다. 이 꿈을 받아 적는 행위, 즉 시 쓰기가 "내 손과 부리는 분주히 허공 끝에 첨탑을 세우"는 일이다. 그 꿈의 기록인 시 쓰기는 "내 안쪽으로 깊게 그어지"는 "자리마다 빗금처럼 돋을새김 문양이 아로새겨"지면서 이루어진다. 꿈의 기록은 타자에 의해 그어진

상처에 의해 문양처럼 현현하는 꿈을 아로새기는 것이다. 그러나 시인은 그 꿈의 현현이 아프지 않았다고 말한다. 그 아로새겨지는 꿈의 문양이란 "모든 게 지워지고 그림자만 짙게 새겨지는" 것이기 때문이다.

 시는 지워진 존재의 이름들로 이루어진 "꿈을 적"은 집이다. 그래서 이 꿈의 집(시)은 새집보다도 더 가볍고 가변적이다. "모든 게 찰나마다 뒤바뀌는, 이곳엔 정물이 없"는 것이다. 그래서 "몇 번이고 그 집을 지었다간 허물" 수 있는 것이 "꿈의 집"이다. 그렇게 "지었다가 허물"면서 "먼 풍경이거나 부재하는 집", 시가 세워진다. 하여, 그 집은 집이라 할 수도 없어서, 시인은 "나는 집을 지은 게 아니"라거나 "이걸 기록이라 부르지 않겠다고"고 말하고 있다. 이렇게 타자에 의해 이끌려 지었다가 허무는 것이 이경교의 시다. 이 부재하면서도 존재하는, "모든 게 지워지고" "찰나마다 뒤바뀌는" 그림자의 집은 「기몽記夢」에서는 '도시'로 나타나기도 한다. 「기몽」의 마지막 행에서, 시인은 "도시 하나가 세워지거나 지워지는 것도 한순간"이라고 말하고 있는 것이다. 그는 그 도시를 "물의 도시"라고 지칭한다. "빛의 통로를 따라 해안선이 그어"지고 "물결 멈춘 지점에 물의 도시가 세워진다"는 것, 그 도시 역시 '한순간'에 세워진 것이다. 시인은 다음과 같이 말한다.

  모든 것은 한순간이다, 저 찰나를 우리는 역사라고 부른다

> 도시의 지붕마다 물결 문양이 찍힌다 격자 창틀에
> 햇살이 갇혀 격자로 쪼개진다 눈 없는 새들이 날아와
> 모서리를 부리로 찍는다
>
> 모든 건 환상이다, 그리고 그것만이 진실이다
> ―「기몽記夢」 부분

한순간에 세워진 '물의 도시'는 환상, 꿈을 통해 현현한다. 이 시에서도 「꿈을 적다」에서 보았던 '문양'이라는 시어가 등장한다. 도시의 지붕마다 찍히는 '물결 문양'은 꿈의 파도가 이루어낸 형상들일 것이다. 이 꿈의 파도 속에서 환상은 "격자로 쪼개"지는 햇살로, "모서리를 부리로 찍는" "눈 없는 새들"로 나타날 것이다. 물결이 휩쓸며 생성되었다가 사라지는 물의 도시, 그 꿈의 세계에서는 "모든 것은 한순간"이며 "모든 건 환상"이다. 이 도시에서는 한순간인 찰나가 역사이며, 그 찰나에 나타났다가 사라지는 환상이 진실이다. 꿈의 물결이 출렁이는 이 세계를 기록하는 일이 바로 '기몽'이며, 바로 시인의 시 쓰기다.

그런데 이 물의 도시, 꿈의 세계는 광대한 세계를 가리키는 것은 아니다. 시인은 「다시, 기몽記夢」에서 "꽃송이 하나하나가 꿈이란 걸 알겠다"고 말하고 있는 것이다. "필 때 이미 지는 법을 익히"는 꽃 한 송이는 세계의 비의를 담은 꿈이자 "별을 닮은" 하나의 우주다. 시인이 '시인의 말'에서 "사이가 사라지"길

바랐던 대상인 꽃, 그가 "속으로 틈입하"여 "한몸이 되"고자 했던 '오브제'인 꽃은 꿈의 세계였던 것이다. 이에서 유추해본다면, 그가 꽃의 아름다움에 이끌려 꽃 속으로 들어갔을 때, 그것은 타자에 의해 건축되는 꿈을 꾸게 되었다는 것에 다름 아님을 알게 된다. 이 '꽃-꿈' 속에서 시인은 세계와 '한몸'이 되는 경험을 할 수 있었던 것인데, 그 경험은 세계와 주체 사이의 경계선을 짓는 언어의 한계를 넘어서는 순간을 제공한다. 그렇기에 대상과 주체와의 융합과 동화를 이루어내는 꿈(환상)은 언어의 장막을 넘은 진실에 도달케 한다. 또한 그 진실이 이루어지는 순간은 진정한 사건(역사)을 역설적으로 형성한다.

 그리하여 이 '꿈-꽃'과 동화되고 있는 시인은 꿈을 구성했던 여러 순간들, 그 역사들이 자신의 삶이기도 했다고 생각하게 될 것이다. 「폼페이, 소금꽃」에서 시인이 "어느 땐가 나도 소금 한 포 짊어지고 이 길을 지나간 적 있다 골목길이 낯설지 않다, 그럼 나는 그때 죽은 사람인가?"라고 질문할 때, 그것은 그가 폼페이 사람으로 나타났던 꿈과 지금 살아가고 있는 현실과의 경계가 그의 삶에서 모호해졌음을 드러낸다. "꿈에서 깨어난 아침까지 내 몸에도 소금꽃이 하얗다"고 시인은 쓰고 있는 것이다. 꿈과 현실의 혼융은 시와 삶의 혼융을 의미한다. 꿈은 시인의 삶이며 꿈의 역사들은 시인의 몸속에 묻혀 있다. 그래서 "지나온 길들이 지워졌다. 내 몸은 잊힌 유적이 되었다"(「소설처럼 2」)라고 시인은 말한다. 꿈의 세계에서 시인은 폼페이인이었으나, 현실에서 그 역사는 지워져 시인의 몸속에 묻혀 있다. 하지만 그 역사는 '꿈-환상'을 통해 재생된다. 시인이 "중세와 중년이 겹쳐지는 꿈을 꾸"게 되자, "아랍어 문장들이 별자리의 낙서처럼 꿈틀거"(같은 시)리기 시작하는 것에서 볼 수 있듯이, 유적이 되어버린 시인의 몸속에 묻혀 있던 역사는 꿈꾸기를 통해 재생되고, 그 꿈을 기록한 시를 통해 현실화된다. 그럼으로써 꿈의 역사와 현재의 현실은 혼융되는 것이다. 하여, 시인의 삶을 낳은 것은 꿈이라고 할 수 있으며, 그래서 이경교 시인은 자신을 "꿈의 사생아"라고 정의 내린다.

> 나는 몽롱한 꿈의 사생아, 늪가를 서성이던 마파람,
> 광야를 이끌고 걸어가는 동안 언덕은 초원이 되고
> 키 큰 나무들은 등이 굽었으니
>
> 마파람의 계보를 따라가 보면 거미의 35세손 지네로부터
> 지중추부사 홍문관 제학의 17세손, 그쯤에서 내 핏줄은
> 환형동물문環形動物門 빈모강貧毛綱에 이르고
>
> 죽은 시조가 사흘 만에 사라져버린 동굴 밖에서,
> 바람 부는 지평선 이쪽과 저쪽, 편서풍이 동남풍으로
> 바뀌는 동안 내 핏줄도 마구 뒤섞였으니
> ―「소설처럼 4」 부분

시인은 아비를 모르는 "몽롱한 꿈의 사생아"다. 꿈은 시인의 삶을 낳고 길렀던 것인데, 그가 자신의 조상인 꿈과 함께 살아왔던 시간은 "광야를 이끌고 걸어가는" '마파람'의 삶이었다. 이 꿈의 삶이 "마파람의 계보를 따라가 보면", "홍문관 제학의 17세손", 「소설처럼 2」에서 보았던 중세의 아랍인, 저 폼페이 최후의 날을 살았던 폼페이인뿐만 아니라 "거미의 35세손 지네", 그리고 지렁이("환형동물문 빈모강")에까지 이른다. 이렇듯 시인은 자기 자신의 삶의 계보를 인간뿐만 아니라 지네나 지렁이에로까지 뻗쳐 파헤치는데, 더 나아가 시인은 "파도 소리에" "내 몸의 세포들 차례차례 운모의 낱알로 떨어져나"가서 형성된 "유동하는 모래알"(「모래의 여자」)이라고까지 말하고 있다. 그의 존재는 바닷바람에 날리는 모래알이기도 했던 것, 마파람처럼 살아온 시인의 삶 속에는 이렇듯 모래알에서 지금 현재를 살아가고 있는 자기 자신에 이르기까지의 꿈의 역사가, 그 숱한 그의 시조들이 묻혀 있는 것이다. 그 시조들은 지금 동굴로 비유되고 있는 시인의 현실적 삶에서는 사라져버렸다. 하지만 동굴 밖에서 "지평선 이쪽과 저쪽"에서 방향을 바꾸고 있는 바람은, 시인의 몸에 묻혀 있는 조상의 핏줄들이기도 한 "내 핏줄도 마구 뒤섞"이게 만든다. 바람은 그의 몸에 잠재되어 있던 꿈의 역사들을 고동치게 만든 것, 그것은 "꿈의 사생아"로서의 시인의 피를 시 쓰기의 열망으로 들끓게 만들 테다.

　시 쓰기의 열망은 꽃이라는 꿈과 융합되고자 하는 열망이다.

그러나 이 열망은 곧 또 다른 죽음에 다다를 것이다. 「매화, 몇 세기를 흘러온 물소리」에서 보듯이, "꽃피는 시절은 지나갔다 나무들은 무덤마냥 잠잠해졌다 모든 게 무음無音이 되자, 내 잠도 끝났다"라고 말할 때가 있는 것이다. "매화꽃잎은 떨어"지고, 꿈은 깨어난다. 그런데 떨어진 그 "꽃잎 속에서 물 흐르는 소리가 난다"고 시인은 말하고 있다. 그래서 낙화한 "무음無音의 속잎을 가만 열어보면 젖어 있다"는 것이다. 「산을 내려오다」에서 시인이 "한때 물이 올라 무거운 몸을 추스르지 못했"던 꽃잎은 "낙화의 시절 짐작도 못했네"라고 말하는 것을 보면 '물'이란 시어는 생명력을 의미할 터, 낙화한 꽃잎 속에서 나는 물 흐르는 소리는 생명의 물이 빠져나오는 소리일 것이다. 그래서 그것은 소리 없는 죽음의 소리(무음)다. 그러나 꿈과 하나가 되었던 시인은 잠을 깨우는 이 쓸쓸한 꿈의 죽음에서도 시를 놓지 않는다. 즉 그는 "내 몸이 꽃잎 무게로 내려"온다면서 저 낙화의 운명과 자신을 동일화하는 것이다. 꽃의 운명은 시인의 운명이다. 그것은 "향기에 취해 골짜기 헤매다 다 저물녘 꽃잎으로 가라앉"는 운명이다. 시인으로서의 삶이 지니게 될 운명을 압축적으로 보여주는 이 아름다운 시, 「산을 내려오다」를 다시 읽으면서, 이 글을 마친다.

어느 산에 다녀 오냐고? 산 이름은 물어 무엇 하나

향긋한 봄풀을 따라갔다가, 하늘하늘 지는 꽃잎 쫓아 돌아왔지

저기 저 꽃잎도 한때 물이 올라 무거운 몸을 추스르지 못했네 이제 한결 가벼워진 낙화의 시절 짐작도 못했네

내 몸이 꽃잎 무게로 내려와 밤의 산비탈에 쌓여 있거나 분분히 날리는 별빛으로 돌아가, 다시 꿈의 집 한 채 세워두거나 산다는 이 쓸쓸한 산행의 뒷자리면 나는 또 향기에 취해 골짜기 헤매고 다 저물녘 꽃잎으로 가라앉겠네
─「산을 내려오다」 전문

이 도서의 국립중앙도서관 출판시도서목록(CIP)은 서지정보유통지원시스템 홈페이지(http://seoji.nl.go.kr)와 국가자료공동목록시스템(http://www.nl.go.kr/kolisnet)에서 이용하실 수 있습니다.(CIP제어번호: CIP2016000143)

시인동네 시인선 048

목련을 읽는 순서

ⓒ 이경교

초판 1쇄 인쇄	2016년 2월 8일
초판 1쇄 발행	2016년 2월 15일
지은이	이경교
펴낸이	고영
책임편집	이현호
디자인	헤이존
펴낸곳	문학의전당
출판등록	제311-2012-000043호
주소	서울시 은평구 연서로11길 7-5 401호
편집실	서울시 마포구 마포대로 127, 413호(공덕동, 풍림VIP빌딩)
전화	02-852-1977
팩스	02-852-1978
블로그	http://blog.naver.com/mhjd2003
전자우편	sbpoem@naver.com
ISBN	979-11-5896-238-8 03810

*이 책의 판권은 지은이와 문학의전당에 있습니다.
*양측의 서면 동의 없는 무단 전재 및 복제를 금합니다.
*잘못 만들어진 책은 바꿔드립니다.